本番に強い子の育て方

森川陽太郎
Yotaro Morikawa

Discover
ディスカヴァー

本番に強い子の育て方

森川陽太郎
Yotaro Morikawa

Discover
ディスカヴァー

……はじめに……

学校行事やスポーツの試合、そして受験……。子どもたちは小さな頃からさまざまな「本番」を経験します。

ところが、

・「本番」に限って、自分の本来の力が発揮できない。
・「本番」が近づくにつれ、気持ちが不安定になる。
・「本番」が怖くて、逃げてしまう。
・「本番」に集中できない。
・「本番」までモチベーションが維持できない。

そのような、いわゆる「本番に弱い子」というのはたくさんいます。

勉強にしろ、スポーツにしろ、日々コツコツと努力をしているにもかかわらず、というケースも少なくありません。そうであればなおさら、「普段どおりの力を出せばうまくいくはずなのに、なぜできないの？」「もっと自信をもってやれば、もっといい結果がついてくるのに、なぜ自信がもてないの？」などと、もどかしい思いを抱えている親御さんは多いのではないでしょうか？

だからこそ、この本を手にとってくださったのでしょう。

ご挨拶が遅れましたが、メンタルトレーナーの森川陽太郎と申します。僕が設立した「リコレクト」という会社では、主にアスリートやビジネスマンを対象に、「本番で実力を発揮できるメンタル」をつくるためのサポートを行っています。

「メンタルトレーニング」というと、長い時間をかけて自分の内面を変える、というイメージがあるかもしれません。

でも、僕が独自に生み出したのは「ありのままの自分」で結果を出すためのトレーニング。ですから、なかにはわずか一週間で明らかな変化が生まれる方もいらっしゃいます。

小社では年齢制限を設けておりませんので、年配の方から小学生まで、幅広くメンタルサポートを行っていますが、実は、大人よりもお子さんのほうが効果が現れるのが早いというのが僕の実感です。

なぜだと思いますか？

その理由のひとつは、このトレーニングの意味を正しく理解してくださったお父さんやお母さんの適切な声かけやかかわりによって、トレーニングの効果が倍増するからです。

お子さんにいつも一番近い場所にいるお父さんやお母さんは、子どもにとっては、いわば専属のメンタルトレーナー。

だから、お父さんやお母さんが最強のメンタルトレーナーであれば、たとえ「気が弱い子」「怖がりな子」「集中力が足りない子」「なかなかやる気が出ない子」でも「本番に強い子」に生まれ変わることはできるのです。

やり方は決して難しくありません。そして、時間もかかりません。

たとえば、1ヶ月先に大事な「本番」があるとしても、今からやれば十分間に合います。

さあ、さっそく今日からぜひ始めてみてください。

もくじ

第2章

緊張に慣れるには何をすればいい？　063

第3章

どうすれば自信がつきますか？

「自分が確実にできること」を確実にクリアしていくことです

第4章

「できることをやる」だけでなぜ目標が達成できるのですか？

第5章

本番に強い子に育てるために、親ができることは何ですか？

第1章

本番で緊張したら、どうすればいい?

大丈夫。
緊張したままでいてください

本番に強い人は緊張しない人？

「本番」で本来の力を発揮できない理由はなんでしょうか？

多くの場合、それは「緊張」です。

極度の緊張で、手はふるえ、頭は真っ白。心臓がドキドキして、何もできないまま時間だけがすぎていく。

そんな自分に焦れば焦るほど、気持ちだけが空回りして体がついていかない。

なかには、緊張のあまり前の日から眠れなくなったり、食事がのどを通らなくなったりする子もいるでしょう。


では、「本番」でも本来の力を発揮できる人というのは、「緊張しない人」なのでしょうか。答えはＮＯです。

程度の差はあるでしょうが、大舞台ともなれば、どんな一流のアスリートだって、誰もが緊張を感じています。

たとえば、オリンピックでメダルを獲得した選手が、競技後のインタビューで試合をふり返り、「めちゃくちゃ緊張しました！」と答えているのを見たことはありませんか？

「緊張」というのは、無意識にわいてくる感情です。

そして感情というのは、それがどんな種類のものであっても、自分の力で打ち消したり、別の感情に変えることはできないものなのです。

好きなものは好きだし、嫌いなものは嫌いなはずです。

ピーマンが嫌いな子に「好きだと思って食べなさい」と言ったところで、おいしく食べられるはずはありません。

ワクワクしようと思ってワクワクしているのではないし、不安になりたくて不安になっているのでもない。ドキドキしている気持ちを止めることもできません。

緊張したくないと思ったところで、緊張しているという感情は自分にはどうすることもできないのです。

「本番に強い人」というのは、決して「緊張しない人」ではありません。

本番に強いか弱いかは、緊張するかしないかの違いではなくて、「緊張していても実力が発揮できるか、できないか」の違いなのです。


「緊張」と「失敗」は本来、決してイコールではありません。

ところが多くの人は、緊張する＝失敗する＝悪いこと、と思い込んでいます。

それは、「緊張してうまく話せなかった」「緊張して信じられないミスをした」などの「過去に緊張して失敗した経験」によって、「緊張」と「失敗」がセットになってしまっているから。

「緊張」は「失敗」というイメージと結びつきやすいのです。

まわりの大人のそんな思い込み、つまり「緊張はよくないもの」という思い込みは子どもにも伝わります。

また、子ども自身にも「緊張して失敗した」経験があればなおさら、「緊張」＝「悪」だと思い込んでしまうのです。

緊張はむしろ気にするほうがいい

感情には、プラスの感情とマイナスの感情があります。

ただし、ここでいうプラス／マイナスは、それを心地いいと感じるか、嫌なものだと感じるかの違い、いわば受け取り方の違いであって、**「プラスの感情＝いいもの、マイナスの感情＝悪いもの」ではないということに注意してください。**

つまり、「プラスの感情なら力が発揮できて、マイナスの感情では力は発揮できない」というわけではないのです。

多くの人が誤解をしていますが、本番で力が発揮できないのは、「緊張している」という事実のせいではありません。

では、本当の原因はなんでしょうか？

それは、わき上がる「感情」と「思考」が一致しないことです。

つまり、本当は緊張しているのに、緊張していないと強引に考えること、無理に自分にとってプラスの感情にすり替えようとすること、マイナスの感情を打ち消そうとすること。それが、実力を発揮できない大きな原因なのです。

明らかに緊張している様子のお子さんに対して、「落ちついて！」「平常心で！」という言葉で励ます人は多いのですが、むしろこれは、逆効果。なぜなら、これらは感情を押し殺せと言っているのに等しい言葉だからです。同様に、「大丈夫、全然緊張していないよ」などと暗示をかけるのも避けるべきだと、僕は思っています。

本来コントロールできるはずもない感情を無理やり否定しようとすれば、大事な本番中に、思考のほとんどがそれに費やされてしまうことになりかねません。

「メンタルが強い」と自覚している人なら、「自分がネガティブな感情なんてもつはずがない」と思いこもうとしますし、逆に「メンタルが弱い」自覚があれば、マイナスの感情があふれてくるのを恐れ、何とかしてそれを見て見ないふりをするでしょう。

どちらにしても、「気にしない、気にしない」と思えば思うほど、「気になって仕方がない」というあの感覚に陥ってしまうのです。それは、感情を否定するための思考であって、実力を発揮するための思考ではありません。

つまり、大事なことは、感情をむしろ素直に「気にする」ことです。

たとえそれが「怖い」「ドキドキする」「逃げ出したい」といったマイナスの感情だとしても、それを正直に受け入れ、無視したり否定したりしないこと。**「緊張」を感じているなら、「自分は緊張している」ということを、ありのままに受け入れることです。**

それが、本番で実力を発揮するための大事な最初のステップなのです。

感情を自覚することから始めよう

本番で実力を発揮するために大事なこと。

それは、わき上がる「感情」に素直に向き合うこと。その先をあえてここで種明かししてしまうとしたら、それは**「行動」を「感情」と切り離すことです。**

具体的な方法については順番にお話ししていきますが、まずはこの基本を頭に入れておいてください。

さて、わき上がる「感情」を素直に認めるためには、「本番」という場面で、その感情がどういうものであるかを自覚する必要があります。

そこでまず、**対話を通じて、お子さんに自分の本当の感情を吐き出してもらうことから始めてみましょう。**

たとえば、練習ではうまくやれるのに、試合だとなかなか実力が出せないというお子さんなら、

「この間の試合のとき、どんな気持ちだったの？」

と聞いてみてください。

それに対して、

「ずっとドキドキしてた」

という答えが返ってきたら、

「そっか、ドキドキしてたんだ！」

と同じ言葉を使って共感してあげることが大事です。

よくやりがちなのは、子どもが「ドキドキした」と言っているのに、「緊張してたんだ！」などと、別の言葉に置き換えてしまうこと。

「ドキドキした」→「緊張した」では、微妙にニュアンスが違います。

本当の感情を理解するためには、子どもから出てきた言葉をベースに話を進めていくことが大切です。

ただし、子どものほうが、「ドキドキしいちゃって、」などと、その感情を悪いものと捉えているような語尾を無意識につけたりしている場合には、「そっか、ドキドキしたんだね」とフラットな表現に変えてください。

「ドキドキした」という言葉が出てきたら、「そっか、ドキドキしたんだね」と共感しながら、「××くんのドキドキってどんな感じ？」とか「何に対してドキドキしてたの？」と、そのときの感情を少しずつ掘り下げていきましょう。

感情を理解するワーク

なんで？なんで？トレーニング

その感情をなぜ感じたのかを掘り下げていくトレーニングです。

たとえば、
子「学校で自分の意見を発言しなくちゃならなくなって緊張した」
親「なんで緊張したの？」
子「大勢の人の前で話さなきゃいけないから」
親「なんで大勢の前で話すと緊張するの？」
子「だって、自分が間違ったことを言うんじゃないかと思うから」
親「なんで自分が間違ったことを言うんじゃないかと思うと緊張するの？」
子「みんなの前で間違うことが恥ずかしいもん……」

このように、ひとつの出来事と、そのときに感じた感情について「なんで？」を3回繰り返します。そうすることで、子どもは、自分がどうしてそう感じたのかを認識できるようになります。

また、お父さんやお母さんも、お子さんがどういうときにどういう感情をもちやすいのかを知ることができます。

このたとえの場合は、「恥ずかしい」という感情が緊張を生み出すきっかけになっていることがわかりますね。

自分がなぜその感情を感じたのかがわかると、これから同じような出来事に遭遇したときに、何をすればいいかの道しるべにもなります。

感情には、いいも悪いもない

子どもに本当の感情を吐き出してもらうには、親も思い込みは捨てて、「それってどんな感じ？」と、まっさらな気持ちで聞く姿勢が大切です。

「こういう感じでしょ？」とか「相手が強そうでドキドキしていたんでしょ？」などと、その内容や理由を決めつけるような質問の仕方はよくありません。

また、イエスかノーかでしか答えられないような、クローズな質問では、本当の気持ちはなかなか出てきません。そうではなく、子どもが自分で言葉を選んで答えられるようなオープンな質問の仕方を心がけたほうがいいと思います。

僕のところに相談にいらっしゃる親子を見ていると、お父さんやお母さんが子どもの気持ちを勝手に代弁されるケースがよくあります。

少し口ごもっただけで「××だよね？」とすぐ助け船を出されると、子どもも「うん」という答えだけですませようとします。

それでは、子どもは自分の本当の感情に向き合うことができません。

マイナスの感情というのは、子どもにとってもあまり向き合いたくないものです。そのため、あえてそれにフタをしようとする子もいます。

けれど、自分自身の感情を見て見ぬふりをしているうちは、本番で実力を発揮できない自分から抜け出すことはできません。

「感情には、いいも悪いもない」という大前提を親がしっかり理解して、子どもの感情に共感してあげること。

そうすることで、子どもは安心して自分の感情を吐き出せるようになっていきます。

事例

自分より弱い相手との試合で実力が出せない

小学6年生のA君は、選抜選手コースに在籍するテニス・プレイヤー。

週に6回の練習に励み、非常に実力もあるプレイヤーで、全国大会の常連です。

ところが、大事な試合で本来の力を発揮できず、不本意な成績に終わるというパターンがこのところ続いているそうです。

しかも、強い選手に負けるというより、実力的には明らかにA君よりも劣っている選手との試合ほど、実力が発揮できないのです。

ご両親の話では、自分より弱いと感じる相手との試合中は、常にイライラしている様子がうかがえる、とのことでした。

そこで「イライラせずに試合に臨めるようになってほしい」というのが、ご両親の希望でした。

僕がまず、

「なぜ、弱い相手と試合するときはイライラするんだろう？」

と話をふると、

「相手は自分より弱いはずなのに、なぜか思うように力が出せない、だからイライラする」

とA君は言います。

どうやら、「イライラするから力が出せない」のではなく、「自分の力が出せないからイライラしている」というほうが正しいようです。

では、自分より弱いと思える相手なのに、なぜ力が出せないのでしょう?

よくよく話を聞いてみると、実は、自分より弱いと思う相手と試合をするとき、A君は「こんな相手に負けるわけにはいかない。絶対に勝たなくてはいけない」という大きなプレッシャーや強い緊張を感じていたのです。

全国大会ともなれば、「弱い相手」といえどもそれなりに強いので、たとえ実力的にはA君のほうが上だとしても、実力どおりの力が発揮できなければ、勝つことはできません。

コーチも親も、普段は強い相手にも果敢に立ち向かっていけるA君が、よもや、楽勝で勝てそうな相手に緊張しているなどとは予想さえしておらず、「気楽に！」「平常心で！」というアドバイスを与えていました。

何よりA君自身が、**「弱いはずの相手に対して自分が緊張するはずがない」→「緊張してはいけない」と思い込んで、その気持ちを押し殺していた**――まさに、「思考」で「感情」を否定していたのです。

そこで、まずA君には、緊張という感情は決して悪いものではないこと、そして自分の力でそれをなくせる可能性は非常に低いので、きちんとその感情を受け入れるほうが大事なんだということを伝えました。

さらに話を聞いていくと、A君は「緊張していても力が発揮できた！」という成功体験をたくさんもっていました。

それは、自分より実力が上の強い相手と試合をするときです。

強い選手が相手だと、緊張する自分を素直に受け入れ、「相手は自分より強いのだから緊張するのは仕方がない、自分にやれることを精一杯やるだけだ」といい意味で開き直れるのだそうです。

失うものは何もないんだと思うと、強気の攻めに徹することができ、それがいい結果につながったことも一度や二度ではないと言います。

そこで次の大会では、「自分より弱い相手と戦うときも、強い相手とやるときと同じように、まずは緊張しているという自分の感情を素直に受け入れてみようよ」とアドバイスしました。

すると、その大会でA君は、自分より弱い相手にも、強い相手にも勝ち続けたのです。

結果はなんと優勝。自分の本来の力をしっかりと発揮して、全国で1位になることができたのです。

もちろん、強い相手と戦うときと、自分より弱い相手と戦うときの緊張感というのは全く同じではありません。そのため、試合までの1ヶ月間は「緊張に慣れる」というトレーニングもやってもらいました。

でも、**何よりの勝因は、A君が、自分より弱い相手との試合のときも、自分の本当の感情を素直に受け入れたことです。**

自分より弱い相手と対戦するときに感じた「緊張」という感情を、打ち消すことなくきちんと受け入れたことで、この状態のままでどう戦えばいいか、どうやって勝っていけばいいか、とむしろ冷静に考えられたと言います。

それは、過去の経験やトレーニングによって、「緊張しても自分はちゃんと戦える」という自信をA君がちゃんともっていたからにほかなりません。

つまり、緊張をきちんと味わったからこそ、本来の力を発揮できたのです。

それ以来A君は、相手がどんなレベルの選手であっても、対戦前に「ああ、緊張する――！」と自分の正直な気持ちを素直に口にできるようになりました。

また、その「感情を受け入れて戦う」という経験を重ねるうちに、「緊張していても自分はできる！」という自信はさらに深まり、どんな試合でも自分の本来の力を常に発揮できる選手へと成長したのです。

感情を閉じ込めるくせがついている可能性も

私たちは普段の生活において、あまり自分の感情に意識を向けていません。特に理性的で感情をあまり表に出さない日本人は、感情より先に思考するくせがついていて、わき上がった感情を閉じ込めてしまう傾向があるように思います。

たとえば、あることに対してイライラした感情がわき上がっているのに、こんな些細なことでイライラするのは大人げないという思考が先にはたらいて、本当の気持ちを打ち消してしまうのです。

ですが、すでにお話ししたように、感情と思考のズレは本来とても苦しいこと。だから大事なのは、自分の感情に決してフタをしないことです。

どうせ打ち消すのだからという潜在意識がはたらいて本当の感情が自覚できないことも多いので、**まずは自分の感情に気づくというトレーニングが必要になります。**

子どもの場合は経験が未熟なぶん、大人よりも素直に感情と向き合えるのではないか――かつて僕はそう考えていました。

けれども、たくさんの相談を受けているうちに、子どもの場合も、思考で感情にフタをしているケースが非常に多いことに気づいたのです。

おそらく、マイナスの感情に対する「いけないこと」「ダメなこと」というイメージが大人の言動から刷り込まれ、大人と同じように感情を閉じ込めるくせが早々についてしまったのでしょう。

「嫌い」とか「怖い」とか「面倒くさい」などの、マイナスの感情は「悪」だといつの間にか思い込まされていて、大人と同じように、意識する前にあえて打ち消すくせがついているのかもしれません。

親の顔色をうかがいながら話をするタイプの子どもは、特にその傾向が強いように感じます。

たとえフタをすることがなかったとしても、自分の感情を冷静に理解することは、子どもにとって簡単ではありません。

ですから、そういう意味でも、子どもにもやはり、「自分の感情に気づく」トレーニングは必要なのです。

感情に気づくワーク1

親子でやってみよう！ 感情当てクイズ

親子で互いの感じている感情を当て合うゲームです。

まず、相手に見えないようにして、お互いに最近あった出来事と、その出来事で感じた感情を3つ紙に書き出します。

（例）

●親

①**出来事**……電車に乗ったらすごく混んでいて座れなかった

感情……しんどい

②**出来事**……ずっと探していた本が見つかった

感情……うれしい

③出来事……久しぶりに友だちとランチをした
感情……楽しい

●子
①出来事……自分は悪くないのに先生に怒られた
感情……むかつく
②出来事……授業中に手をあげたら指された
感情……ドキドキ
③出来事……学校からの帰り道で大きな犬に吠えられた
感情……怖い

どちらが最初に問題を出すか、順番を決めます。

問題を出す人が出来事だけを言ったら、答える人はそれについて相手が感じた感情を当ててください。

問題を出す人に質問してもＯＫです。ただし、問題を出す人は感情を表現する言葉を使ってはいけません。

紙に書き出していたとおりの感情のみが正解です。たとえば、「しんどい」なら、「苦しい」「つらい」などは正解ではありません。

正解したら、次の問題を出題します。

３分以内に３つとも当てることができたら交代します。３分以内に正解できなかったら、その人の負けになります。

このゲームをやってみると、他人が感じている感情を当てることは意外に難しいことがわかります。

親であるみなさんが、普段子どもが感じていることをどのくらい勝手に予想して決めつけているかを、ぜひ感じてみてください。

子どもにかぎらず、人というのは、自分の感じている感情をズレなく理解してくれる人に対して信頼を寄せます。

このワークは、子どもが感じている感情をギャップなく理解するためだけでなく、子どもとより深い信頼関係を築くのにオススメです。

感情に気づくワーク2

感情評価シート

これは、子どもがさまざまな感情に対してどんな印象をもっているのかを把握するワークです。

いろいろな感情を言葉にして紙に書き出し、自分にとって嫌なものに×、嫌ではないものに○をつけてもらいます。

（例）

緊張……×

うれしい……○

楽しい……○

苦しい……×

子どもの感情に対するイメージを理解しておくために、ぜひ行っていただきたいワークです。

答えを見ると、この感情は嫌だろうなと、親が一方的な見方をしていたことに気づく場合もあるかもしれません。

もちろん、**「この感情が嫌なのはおかしい」「この感情は嫌じゃないはず」などと、親の価値観を押しつけることは絶対にしてはいけません。**

「感情日記」をつけて、「感情」の感度を上げよう

自分の感情に気づくようになるには、どうすればいいでしょうか？

感情に気づく力を育てるために、僕が特にオススメしているのは、**「感情日記」**、つまり自分の感情を日記としてノートに書き出すことです。

「今日は○○くんとケンカして、イライラした」
「今日の給食はカレーだったから、ワクワクした」
「体育の時間にかけっこで△△くんに負けて、悔しかった」
「国語の時間に急に当てられて、ドキドキした」などなど……

1回の日記には感情を表現する言葉を10個以上使うのが理想的ですが、最初はひとつでも使えればOKです。感情を言葉にして表現するのが苦手なお子さんには、感情の表現のバリエーションを示してあげれば、取り組みやすいかもしれません。36ページの感情一覧表も参考にしてみてください。

そうして書かれた感情日記を読むと、**お子さんがどういうときにイライラして、どういうときにドキドキするのかという、感情の傾向が見えてきます。**お父さんやお母さんでさえ知らなかった、お子さんの意外な姿が見える可能性もあります。

もちろん、「イライラした」「ムカついた」といったマイナスの感情をお子さんが書いていたとしても、決してそれを否定してはいけません。

感情一覧表

安心	ドキドキ	イライラ
ウキウキ	うれしい	焦り
楽しい	悲しい	困る
ホッとする	悔しい	気持ち悪い
気持ちいい	ゾッとした	驚いた
緊張	びっくり	ムカついた
しんどい	怖い	ビビった
恐怖	苦しい	面白い
嫌い	好き	幸せ
恥ずかしい	感動	つらい
落ち込んだ	誇らしい	ジーンとした
ショック	ゾクゾク	シラけた
ワクワク	興奮	がっかり
ソワソワ	スッキリ	きれい
美味しい	まずい	かわいい
疲れた	きたない	ハラハラ
うらやましい	懐かしい	すがすがしい
楽しみ	爽快	あきる
不安	心配	

などなど……

繰り返しますが、感情はコントロールできないのですから、その感情自体を、親が「いい」とか「悪い」などと評価してはいけないのです。

子どもは、この感情日記を書き続けていると、あえて文字にして書かなくても、その出来事が起こった直後に、自分がどういう感情を抱いていたかに気づくことができるようになります。

さらにステップが進むと、「今、こう感じている」とリアルタイムで気づくことができるようになります。

そんなふうに**自分の感情に気づく力、向き合う力が、「本番で実力を発揮する」ための大きな力となるのです。**

ポジティブシンキングの罠

「うまくいったときのイメージをもって本番に臨めば、実力を発揮できる」

このようなポジティブシンキングは、本番で実力を出すために、はたして本当に必要なのでしょうか？

たとえば、サッカーの試合。

「絶対に先取点をとる！　そうすれば、気分が乗ってくるから、その勢いで絶対に勝つ。よし、これでいこう！」

そんな超ポジティブなイメージを抱いて、試合に臨んだとしましょう。

もちろん、イメージどおりに先取点がとれれば、イメージどおりに気分も乗ってきて、イメージどおりに勝つ可能性はそれなりに高いだろうとは思います。

でも、もしも、逆に先取点をとられてしまったら……。

先取点をとる、というイメージだけを描いていると、「逆に先取点を奪われてしまう」という事態は「予想外のこと」になってしまいます。

予想外のことが起こると、人はそれにうまく対処できません。

たとえば、テーブルの上にあるコップが1分後に倒れることが事前にわかっていれば、近くにある大事な書類などはあらかじめ避けておくことができます。しかし、それを全く予想もしていなかったら、その事態に大あわてしてしまうはずです。

現実がいつも思いどおりにいくわけではないことは、みなさんもよくご存じでしょう。こう言っては身もフタもありませんが、すべてイメージどおりに事が運ぶほど、現実は甘くないのです。

どんなに先取点にこだわっていたとしても、思いがけないミスで先に点をとられることは十分考えられるし、自軍のエースストライカーが試合開始直後にケガをしてしまうかもしれない。そもそも、戦う相手だって勝つために必死に戦っているのですから、先取点を奪うことができる可能性は、決して１００％ではないのです。

ポジティブなイメージだけで試合に臨んでしまうと、そんな事態でわき上がってくる「あわてる」とか「焦る」という感情は、完全に「想定外」です。きっと「これじゃいけない」と、なんとかしてその感情を打ち消そうとしてしまうでしょう。

そんなとき、まわりから「落ち着け」「リラックスしろ」という声が聞こえてきたとしたら、もう、感情を押し殺すことにしか意識が向かなくなる可能性もあります。

この状態では、本来の力は発揮できません。


そんな事態にうまく対処するためには、どうすればいいのでしょうか。

それは、**「予想外」をつくらないことです。**つまり、事前によくない事態も想定しておくことが必要なのです。


「先取点がとれたら、気分も乗ってくるよね。でも、もしも相手に先取点をとられてしまったら、どんな気持ちになると思う？」

そんなふうに声をかけて、嫌な事態になったときに自分がどんな感情になるのかをあらかじめ予習しておきましょう。

嫌な事態になったときの感情をあらかじめイメージしておけば、それが現実になっても、「想定内」のことなのですから、その感情にちゃんと気づき、否定せずに、受け入れることができます。実力を発揮するために大切な、「感情を正直に受け入れる」というステップをクリアできるのです。

誰しも、悪いこと、嫌なことは起こらないでほしいと思っていますから、ネガティブなことをイメージするのは確かに勇気がいることかもしれません。

また、なかには「ネガティブなことをイメージしたら、本当にそうなってしまう」と思い込んでいる人もいるかもしれません。

けれども、**本番の感情に「想定外」をつくることのほうが、実は失敗のリスクははるかに高いのです。**

最悪の事態をイメージできれば、本番に強くなれる

もちろん、ポジティブなイメージをもつこと自体は悪いことではありません。

想定される最良のパターンとしてポジティブなイメージを広げておいて、それが現実になったのなら、イメージどおりに動けばいい。

けれども、ポジティブなイメージだけで本番に臨むのは、あまりにもリスクが高い

と言わざるを得ません。

「どんなときでも結果を出す、力を発揮する」という観点から考えるなら、ポジティブなこともネガティブなことも想定して、いかに「想定外」をつくらないかが大事なのです。


これは、具体的な「事態」をすべて想定しろというわけではありません。

想定するのは、本番のなかで、自分がどういう「感情」になりうるかということです。

ですから、「感情日記」などを通じて、お子さんがどんなときにどんな感情になりやすいのかを普段から親子で話す習慣をもつのがとても大切なのです。

感情が想定されていれば、その感情に対する対処法を事前に考えておくことができます。

たとえば、「あわてる」「焦る」という感情が想定されるのなら、「あわてたり、焦ったりしても、必ずできることは何？」と質問してみてください。

「味方とパスを回すことならできる」「大きい声を出すことならできる」という答えが

返ってきたら、「じゃあ、その気持ちになったら、それをやるようにしよう！」と、事前に決めておけばいいのです。

そうすれば、自分がその感情になったことに気づいたとき、その行動をすぐに起こすことができます。

「あわてていても」「焦っていても」、確実にできることをやる。つまりこれが、「行動」を「感情」と切り離すということです。

ただしこれは、「あわてている」「焦っている」気持ちを落ち着かせるための行動ではありません。結果的にそうなることはあるかもしれませんが、それが目的ではないのです。

大事なのは、「あわてていても、パスが回せた」「焦っていても、大きい声が出せた」という感覚を味わうこと。いわば「できた感」を得ることとです。

本番のなかで、このような「できた感」をたくさん味わうと、本当の意味で、気分が乗ってきます。それによって、本来の力を発揮できるようになるのです。

また、このような「マイナスの感情をもっていてもできた！」という経験を重ねていけば、マイナスの感情＝失敗する＝悪いこと、という思い込みが次第に解消されていきます。

すると、マイナスの感情を感じて「もうダメだ」と短絡的に思うのではなく、「でも大丈夫、イケる！」と思えるようになるのです。

たとえそのまま試合には負けてしまったとしても、「あわてたけど、できた」「焦ったけど、できた」という自信がつきます。

つまり、あらゆる感情に対する嫌なイメージが解消されれば、どんな状況でも＝どんな感情になっても、実力を発揮できるようになります。

それが「本番に強い子」になるということなのです。

事例

うまくいかないと、すぐにあきらめてしまう

B君は小学6年生。地元のサッカークラブに所属しています。ポジションはフォワード。レギュラーメンバーから外れたことはなく、試合では積極的にシュートを打って勝利にも貢献するし、まわりの選手に声をかけることもできる、チームの中心的存在だそうです。

ただ、B君には困った弱点がありました。

優位に試合を運んでいるときは生き生きと躍動できるのに、ひとたび試合が劣勢になると、すぐに勝負をあきらめてしまうのです。

ときには、まわりから見てもわかるほど不機嫌になり、チームメイトを罵ったりすることもあるのだとか。

エースのB君がその状態に陥ってしまうと、試合をひっくり返すことなど不可能で、実力的にはそこまでの大差がつくはずのない相手であっても、そのままチームも大敗してしまう、というのがいつものパターン。先日の試合でも、0対5という

大差で負けてしまったそうです。

試合が終わって冷静になると、「もっとがんばればよかった、なんであきらめてしまったんだろう。なんでチームメイトにあんなひどいことを言ってしまったんだろう」と毎回深く反省するというB君。

ただ、反省はするものの、試合が劣勢になってしまうと、やっぱり同じことの繰り返し……。

試合の勝ち負けはともかく、どんな試合でも最後まであきらめずに戦えるようになりたいと、お父さんと一緒に相談にきてくれました。

悪いパターンに陥るときの、試合中の気持ちについて尋ねたところ、B君からはこんな答えが返ってきました。

「強い相手にボールを支配されると、自分になかなかボールが回ってこないし、シュートを打つチャンスも全然ないから、これじゃあ勝てねえやって思う。

そうすると、味方にも相手にもイライラしてきて、どんどんいつもの自分じゃなくなっていく感じがする。そうすると、また負けるなって思うから、試合することが嫌になってしまう」

実はB君には、試合の前日に、「明日はこんなふうにプレーしよう」と、お父さんと一緒にイメージトレーニングをする習慣がありました。

そこでいつもイメージしていたのは、パーフェクトな自分です。

仲間からの絶妙なパスを受けて、華麗なドリブルで敵をかわし、抜群のタイミングでシュートを打ってゴールを決める――。

サッカー経験者のお父さんも、いいイメージをもって試合に臨んでこそいいパフォーマンスが発揮できると信じていたので、とにかくポジティブなイメージだけをもて、と熱心にアドバイスしていたそうです。

事実、序盤から優位に運べる試合では、イメージトレーニングの成果が出て、B君は次々と得点を重ねることができました。そういう成功体験につながったときは、イメージトレーニングの大切さを実感することができたと言います。

ところが問題は、相手が強くて試合が劣勢になったとき。パスを受けたくても回ってこない、やっとボールに触れたと思っても、相手の寄せが速くて、すぐにボールを奪われてしまう……。

イメージしていた自分と現実の自分との大きなギャップを感じながら、試合を続けるのはとてもつらいことです。そのような状況に陥ると、そのうちに、こんな自分じゃダメだ、これじゃ勝てるわけないと、どんどん自己否定感ばかりが大きくなっていくでしょう。

B君が戦意喪失して、試合をするのが嫌になってしまうのも無理はありません。

実はB君、翌日の試合の相手が強いチームだとわかっているときには、「また同じことが起こるかもしれない。自分の思うようなプレーができないかもしれない」と不安な気持ちがわき上がってくることもあったようです。

けれども、「ここで弱気になったらダメだ。いいイメージをもたなくちゃ」と思い直し、不安になっている自分の感情を置き去りにして、とにかくパーフェクトな自分をイメージしようと一生懸命がんばっていたのです。

そこで、B君にはイメージトレーニングのやり方を変えてもらいました。

ポジティブな試合展開だけをイメージするのではなく、こうなったら嫌だなあと思うシチュエーションも思い浮かべてもらったのです。

B君からは、「シュートが1本も打てない」「ボールが全然こない」「ボールを持ってもすぐに相手に奪われてしまう」などがあがってきたので、次は、そういうシチュエーションになったときの自分の感情をイメージしてもらいました。

すでに経験しているシチュエーションでもあるので、その感情はすぐにイメージできたようです。

「もうダメだ、あきらめたい、とか思う。あと、たぶんすごいイライラする」

そして、そういう感情になったときの作戦も一緒に考えました。

「あきらめそうになったり、イライラしたりしたとしても、これだったらB君が確実にできることって何だろう？」

という質問に、B君はしばらく考えてから、

「とりあえず、ディフェンスならできる。点をとるのは難しいかもしれないけど、点をとられないことに集中することならできると思う」

作戦はこれで決まりです。

次の試合の相手は、前回0対5で負けたチーム。B君には、試合の前の晩には、その試合で起こりそうな事態を、いいことも悪いこともイメージして、そのときの感情を予習しておくようにと、改めてアドバイスしました。

そして試合当日。

残念ながら試合では、また同じチームに負けてしまいました。

けれども、B君は途中であきらめることなく、最後まで全力でプレーできたのです。

「相手が強かったから全然ボールにさわれなくて、もうダメだ、このままじゃ負けるっていう気持ちになりました。でも、前の日に予習していた気持ちだったから、ああ、やっぱりこの気持ちきたー！って思った（笑）。

だから、作戦どおり、とにかくディフェンスをがんばろうって思いました。試合には負けてしまったけど、ディフェンスがうまくやれたから、バンバン点をとられたわけじゃないし、次はきっと勝てそうな気がします！」

試合結果は1対2。最後まであきらめずに戦い抜いたからこそ、前回0対5だった相手と互角の勝負ができたのです。

しかも、チームの1点は、試合の終盤のカウンター攻撃でB君が決めた1点でした。

何よりの収穫は、「もうダメだ」というマイナスの感情を抱きながらも、ディフェンスをがんばれた＝「やるべきことをやれた！」という自信を得たことです。

こういう自信を積み重ねていけば、強い相手とだって最後まであきらめずに戦える。あきらめなければ、自分の実力も発揮できる。エースのB君がどんな状況でも実力が発揮できるようになれば、チームとして勝てる試合が増えていくことは間違いありません。

感情とパフォーマンスの関係を知ろう

これまでお話ししたようにプラスの感情＝「いいもの」、マイナスの感情＝「悪いもの」、ではありません。

まずはそのスタンスに立つことが大切です。それができていないと、自分の本当の感情を素直に受け入れることができません。

プラスの感情を抱いてさえいれば必ず実力が発揮できるというわけではないし、マイナスの感情を抱いていても実力を発揮することはできるのです。

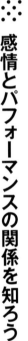

なかには、気分が妙に落ち着いてしまうとなぜか力が発揮できず、むしろなんとなく落ち着かないくらいの感情をもっているときのほうがいいパフォーマンスを発揮できる、という子もいます。

僕がトレーニングした選手のなかにも、少し弱気な気持ちで試合に入って、やみくもに最初から攻めないほうが結果がいいというフェンシングの選手や、やる気満々で試合に入ったときに限ってミスが多いというフィギュアスケートの選手がいました。

感情の種類とパフォーマンスの良し悪しには、その子なりの傾向があります。

それを知るために役に立つのが、「メンタルシート」です。

まず、試合などの本番の前の感情をあらかじめ書いておきます。そして、本番の後に、その日は何ができて、何ができなかったを書き込みます。また、本番中、どんな場面でどんな感情がわいたのかもふり返っておきましょう。

このシートを書き続けていると、お子さんが、**どんな感情のときに何ができて、何ができないのかという、「感情とパフォーマンスの関係」を知ることができます。**

そうすると、感情の予習をしたときの作戦が立てやすくなるのです。

たとえば、先ほどのB君の例のように、「イライラしていても、ディフェンスならできる」ということがわかれば、イライラした自分を感じたときにはディフェンスをする、という作戦が立てられます。もともとそれは楽にクリアできることなのですから、「できた！」という感覚をすぐにもつことができます。

逆に、イライラした気持ちで試合に入ると声を出すことができない、という傾向があるとしたら、試合中にイライラした自分を感じたとき、「確かにいま自分はイライラしているなあ。でもここはあえて声を出そう」という作戦にすることもできます。最初はたったひとことでも、とにかく「声を出す」という行動を起こしてみるのです。

そうすると、ここでも「イライラしていても声が出せた！」という「できた感」を感じることができます。できなかったことができたぶん、その「できた感」はさらに大きいかもしれません。


このシートを普段から活用すれば、さまざまな場面での感情とパフォーマンスの関連が浮かび上がります。「感情日記」同様、自分の感情にいつも意識を向けるようになるので、自分の感情に気づく力も育っていきます。

事例

「緊張している」という感情に気づくことができない

小学5年生のC君は、お母さんに憧れて社交ダンスを始めました。週に3回はスタジオに通い、家でもお母さんと毎日踊って、どんどん実力を磨いていったそうです。

ところが、競技会に参加すると、なぜかいつも1回戦止まり。たった1回しか踊れないことが物足りなくて、会場の隅っこで、お母さんともう一度踊ってから帰る、というのが当たり前になっていたそうです。

いつもの調子で踊れば、3回戦、4回戦と進んでいけるくらいの実力はあるはずなのに、どうしても本番では力が発揮できないのです。

競技前はニコニコしていて余裕たっぷり。でも競技に入ると、普段なら考えられないようなミスを連発してしまいます。

ただ、本人に聞いても、「本番中も、別に緊張していたわけじゃない」のだそう。どうしてもうまくいかない理由がわからず、そのため対処もできなくて、C君の実力をよくわかっているお母さんは、ずっともどかしい思いを抱えていたようです。

C君が相談に来てくれたのは、次の競技会まで2週間というときでした。

初対面の僕の前でも緊張する様子もなく、最初からずっとニコニコしています。

「あと2週間で競技会だよね。どう、いま緊張してる?」

と尋ねたところ、

「あ、全然緊張してないです。だってまだ2週間もあるし」

と、やはりけろっとしていました。

ただ、「緊張してない」と言い張る子の場合、緊張すること=悪いこと、と思い込んでいるケースがよくあります。

ですので、まずは、緊張することは当たり前のことで、どんな一流の選手でもみんな緊張しているし、決して悪いことではないんだよ、ということを伝えました。

するとC君はしばらく考えて、

「うーん、ちょっとは緊張してるかも」

と照れ臭そうにつぶやきました。

C君は、決して嘘をついていたというわけではありません。おそらく、緊張するのは悪いことだと思っていたせいで、これまで自分のなかにある「緊張する」という気持ちを見て見ぬふりをしていたのだと思います。

自分の感情を見て見ぬふりをすることは、感情にフタをすることと同じです。「本当は感じているはずの感情を、認めることができない」といってもいいでしょう。

そこでC君には、競技会までの間、「緊張する」という気持ちをちゃんと感じながら練習してみようとアドバイスしました。

その後もC君とは3日おきに会っていたのですが、会うたびに「緊張する気持ちがちょっとずつ大きくなってきた」と言っていました。

ただ、そういう緊張を感じながらも、練習はうまくいっている、と言います。

緊張してもできている――。

C君の表情を見ると、そういう自信を深めているのがよくわかりました。

ところが、試合の前日。

最後のトレーニングにやってきたC君に「どう、緊張してる？」と尋ねたところ、

「あ、なんか全然大丈夫！」という答えが返ってきたのです。

「大丈夫」どころか、これはむしろ大問題。

彼は本番直前になって、自分の感情にピシャッとシャッターを下ろしてしまったのです。

原因は、試合を翌日に控え、みるみる大きくなった緊張がC君のキャパシティを超えてしまったこと。

つまり、中くらいまでの緊張ならきちんと感じることができたのに、どこかで限界を超え、「ああもう見たくない！」という潜在意識がはたらいて、逆にもう何も感じられなくなってしまっていたのです。


この2週間、C君は本番に向けて、「緊張を感じていてもできる」という成功体験をたくさん積んできました。

それなのに、過度の緊張から自分を守る「無意識の防衛反応」を起こしてしまったのです。

「緊張」というその感情に気づいて、それを受け入れないかぎり、せっかくのトレーニングの成果を出すことはできません。

そこで僕は、C君にこう伝えました。

「『緊張なんかしてない、大丈夫！』って思ったら今回は負けだよ」

自分のキャパシティを超えるほどの大きな緊張を認めてしまうと、おそらく、「怖い」という感情も浮かんでくるに違いありません。

でも、怖いからといってその感情にフタをしてしまえば、本来の自分でなくなってしまいます。

そしてきっとそれが、これまでC君が競技会でなかなか実力を発揮できない原因だったのでしょう。

だからC君には、「すっごく緊張して、ものすごく怖いと思うけど、ちゃんとそれを感じて試合に臨もう」とアドバイスしました。

そしてお母さんにも、試合直前にあえて「緊張するね」と声をかけてほしいとお願いしました。それは、再び「緊張」という感情にシャッターを下ろしてしまうのを防ぎ、自分の感情をきちんと感じてもらうためです。

そして、競技会が始まりました。競技に向かう直前まで、「緊張する」「怖い」と言葉を口にしていたC君は、結局なんと7回も勝ち上がって、決勝にまで上りつめたのです。

残念ながら優勝とまではいかなかったのですが、これはもう大躍進です。

C君は晴れ晴れとした表情をしていました。それは、「ものすごい緊張を感じていてもできる！」という大きな自信を得たからでしょう。

これは次の本番につながる何よりの収穫です。


実はC君の場合は、もともと「緊張してもできる」子でした。

それなのに、その「緊張」があまりに大きくなるとそれに気づけなくて、結果的に感情にフタをするのと同じ状態になっていました。

つまり、「緊張していないはずなのに実力が発揮できなかった」のではなく、「緊張に気づいていなかったから実力が発揮できなかった」のです。

感情の大きさや種類によっては、お子さんがなかなか自分で気づくことができない、という場合もあります。

信じられないかもしれませんが、C君のように、「緊張のあまり、緊張に気づけない」ということも実際にあるのです。

そんなときは、たとえば、**「もしかして、いま緊張してる？」「ちょっとイライラしてる？」**と、自分の感情に気づかせてあげるようなお父さんやお母さんからの声かけも大事だと思います。

ただし、目的は、あくまでも感情に気づけるようになるためのサポートです。いつも親が声をかけてくれるのが当たり前になると、今度は気づく能力が育たなくなるので、「ちゃんと自分で気づくことが大切だよ」というメッセージは常に伝えるようにしてください。

第2章

緊張に慣れるには何をすればいい？

「緊張していてもできた！」という経験を積みましょう

緊張したら、「緊張してもできること」をやればいい

第1章でお話ししたように、本番に強くなるために大切なのは、まず自分の感情に気づくこと、そしてその感情を否定しないことです。

そしてその先のステップが、「感情」と切り離した「行動」を起こすこと。

「緊張しているからやらない」「怖いからやらない」ではなくて、「緊張していてもやる」「怖いけどやる」ということです。

何をやるのかといえば、その感情のままで「今の自分が確実にできること」。

そのために設定するのが、僕が提唱している**「OKライン」**です。

OKラインとは「ここまでできたらOK」と自分にOKをあげられる基準のことです。

第1章で紹介したB君のエピソードを思い出してください。

「もうダメだ、また負ける」というマイナスの感情をもちながらも、B君が「ディフ

ェンスをやる」という「作戦」を実行していたことを覚えていますか？

まさにその「作戦」が、B君にとってのOKラインなのです。

あわてたり焦ったりする感情を認め、その感情を抱いたままディフェンスをがんばれたこと、つまり、自分が決めたOKラインをちゃんとクリアできている感覚がもてたことで、B君は試合中ずっと自分に「OK」をあげることができました。

「OK」というのは、自分ができたことを「できた！」と認める言葉。

つまりOKラインとは、自分を肯定できる基準値と言いかえることもできます。

B君は、劣勢の試合のなかでもディフェンスをしっかりやれているという感覚を味わったことで、自分のなかに自己肯定感が生まれました。 その自己肯定感があったからこそ、B君は最後まであきらめずに戦い抜くことができたのです。

結果的に負けはしたものの、「自己肯定感」をもって試合を終わらせられたことによって、「次は勝てるかもしれない」という自信をもつこともできました。

ポジティブなイメージだけをもって試合に臨んでいた以前のB君は、たとえ試合が劣勢でも、マイナスの感情を感じていても、とにかくパーフェクトなパフォーマンスを発揮しようと躍起になっていたようです。

それは、異常に高いＯＫラインだと言わざるを得ません。

プラスの感情で戦えているときならともかく、マイナスの感情を抱えているときに、それをクリアすることなどほぼ不可能でしょう。

はるかに遠いＯＫラインと現実の自分とのギャップのなかで生まれてくるのは、「こんな自分ではダメだ……」という自己否定感。自己否定感にさいなまれた状態でよいパフォーマンスが発揮できるはずはありません。

そして、最終的に「やっぱりダメだった」という自己否定感だけが残るので、マイナスの感情に対する不安はさらに大きくなってしまいます。

つまり、**いかにして自己肯定感をもつか――それが、本番で力を発揮するための大きなポイントになるのです。**

「緊張している自分」にOKをあげる

「緊張に慣れる」には、どうすればいいのでしょうか？

それにはまず、「緊張する」という感情を受け入れて、その感情を抱えたままでも確実にできることをOKラインに設定することです。そして、それをクリアすることで「できた感」を味わい、自己肯定感をもつことができるようになれば、本番でも自信をもって、本来の力を発揮できるようになります。


ただ、その前提として必要なのは、**「緊張していてもできた！」という経験です。**つまり、マイナスの感情とセットになった成功体験です。

これまでのお子さんの歩みを思い出してみてください。

きっと、たいていの子は、小さなものから大きなものまで「緊張していてもできた」経験をすでにもっているはずです。

・幼稚園のお遊戯会で緊張したけど、ちゃんと舞台に上がれた
・小学校の入学式の日は緊張したけど、ちゃんと先生にあいさつができた
・スイミングスクールの進級テストは緊張したけど合格できた
・運動会の徒競走は毎年緊張するけど、ちゃんと最後まで走っている、などなど

本来、このような「緊張していてもできたこと」に常に意識を向けていれば、「緊張」＝「失敗」という思い込みにとらわれることはないはずです。

ところが、幼い頃から緊張は悪いものと刷り込まれているためか、子どもも含め、多くの人はどうしても、「できなかったこと」ばかりをつい意識してしまいがちになるようです。

つまり、「緊張」が「できたこと」ではなく、「できなかったこと」＝「失敗」のほうと強く結びついてしまっているのです。

そうすると、緊張している自分に向き合ったときに「できる！」というイメージがわきません。そもそも「緊張している自分」にＯＫがあげられなくなってしまうので

す。

そこで、大事になってくるのが、

「緊張」というマイナスの感情と「失敗」を切り離すこと。

「緊張していてもできたこと」のほうに意識を向けて「成功体験」を積み重ね、「緊張していてもできた！」という自己肯定感を育てること。

つまり、このようなトレーニングを重ねていけば、「緊張してもできる！」という自信が育っていくというわけです。そして、これこそが、本当の意味で、「緊張に慣れる」ということなのです。

事例

何に対しても消極的で、緊張する場面を自らずっと避けている

小学2年生のD君は小さい頃から引っ込み思案で、どうやら学校でも友だちとうまくコミュニケーションがとれていない様子。そのせいで自信がもてないのか、何に対しても消極的であることが否めないのだそう。

もっと自信をもって積極的にいろいろなことにチャレンジしてほしいというのが、ご両親の願いでした。

最初の面談のときのD君は、声も小さくて、常にソワソワしていました。「自分に自信がないために、友だちとうまくコミュニケーションがとれていない」ということは、緊張する場面を自らずっと避けている、ということでもあります。つまり、D君に必要なのは、「緊張する」ことの経験値を上げることです。

そこでまずは、トレーニングルームで、トレーナーやご両親の前で自己紹介をする、ということから始めました。

そのときのD君にとって、それはとても高いハードルなのですが、それは「緊張してもやる」ことの感覚をつかんでもらうためにあえて設定したものです。

もちろん、トレーナーは、D君が自らの意思で行動を起こせるまで、何時間でも待ちます。また、どうしても嫌ならやめることもできます。だから、いわゆる「ショック療法」というわけではありません。

最初に自己紹介する相手は、トレーナーです。
ドアを開けて、部屋に入ってきて、椅子の上に立って、トレーナーを前に1分間の自己紹介をやってもらいます。

高い場所に立つと、見ている人からの視線をより感じます。つまり、椅子の上に立つのも、注目されている感覚を強く感じてもらうためのトレーニングの一環なのです。

D君は当然ものすごく緊張して、最初はなかなかドアを開けられず、いざ入ってきても笑ってごまかそうとしたり、やっと自己紹介を始めても、相手の目を見て話せなかったりしていましたが、同じことを繰り返しているうちに、だんだん「緊張」に慣れてきて、トレーナーの前で相手の目をしっかり見ながら、1分間の自己紹介ができるようになりました。

その後は、自己紹介する相手の人数を、「トレーナー＋両親」→「トレーナー＋両親＋別のスタッフ1人」→「トレーナー＋両親＋別のスタッフ2人」というふうにどんどん増やして、トレーニングの負荷を少しずつ上げていきます。

もちろん、その過程では、「緊張しているのによくできたね！」「人数が増えてもちゃんとできたね！」とたくさんほめて、D君には「緊張していてもできた！」という感覚をしっかり味わってもらいました。

初日の90分のトレーニングで「緊張してもトレーナーやご両親の前で自己紹介ができたらOK」というOKラインをクリアできたD君は、「緊張してもできるんだ！」という小さな自信を得ることができたのです。

そして、次のトレーニングの日までの宿題として、D君と次のOKラインについて考えました。

もちろん、その時点で「緊張しても自分が確実にできること」を考えることは、小学2年生のD君にとっては難しいことなので、

「夕飯の前に、椅子の上に立って、その日あった出来事をお父さんとお母さんの前で発表するのはどう？」

と提案しました。するとD君は、

「うん、それならできそう」

と、トレーニングの最初とは明らかに違う表情を見せてくれたので、それを最初のOKラインに設定しました。

そして、D君は次のトレーニングまでの1週間、決められた「宿題」を毎日やって、「緊張しているけどできた！」という経験を積むことができました。

ご両親によると、最初は恥ずかしがっていたけれど、すぐに慣れて、堂々と発表できるようになってきたと言います。

それは、自分にたくさんのOKを与え、D君の中に「緊張してもできるんだ！」という自己肯定感が順調に育っている証拠です。

またご両親が「緊張していてもできてるね！」とたくさんほめてくださったことで、「緊張」と「ほめられた」＝「うれしい」という感情がセットになり、D君のなかに根づいていた「緊張する」＝「嫌だ」という感覚も少しずつなくなっていったようでした。

このようにして「できた！」という感覚をしっかり味わうことができれば、自分のOKラインのレベルを少しずつ高く設定できるようにもなっていきます。

「学校で隣の席の子に『おはよう』って言う」
「学校で毎日2人に『おはよう』って言う」
「学校で毎日3人に話しかける」
「隣のクラスの子2人に話しかける」
「学校の昼休みに、自分から誰かに『遊ぼう』って声をかける」
「友だちを3人誘って、放課後に一緒に遊ぶ」

そんなふうにOKラインのレベルを少しずつ上げ、それを確実にひとつひとつクリアして「できた!」をたくさん味わうことで、D君の「緊張してもできる」という自己肯定感はどんどん高まっていきました。
そして、トレーニングを始めて3ヶ月後には、D君は、友だちとのやりとりを家でうれしそうに話してくれるようになったそうです。

自分からどんどん友だちの輪に入り、上手にコミュニケーションがとれるようになったことは、D君の話しぶりからもよく伝わってきました。そして自らの意志で、地元のサッカークラブに入ることも決めたそうです。

そんなD君は今、クラブの仲間たちと一緒に大好きなサッカーに明け暮れる毎日を送っています。

「恥ずかしい」に慣れれば、「緊張」の経験値も上がる

D君のように「緊張していてもできる！」ことを積み重ねていけば、「緊張」という感情の経験値を上げていくことができます。つまり、

「緊張」に慣れる
＝緊張している自分に慣れることができる
↓緊張した自分はどう行動すればいいかについて、意識を向けられるようになる

↓緊張していても実力が発揮できるようになる

というわけです。

D君が初日に行ったトレーニングもそのひとつなのですが、緊張の経験値を上げるのには、もうひとつよい方法があります。

それは、**「恥ずかしい」ことに挑戦すること。**

「恥ずかしい」という感情は実は、「緊張」によく似ています。ですから「恥ずかしくてもできた」という経験値を上げれば、「緊張してもできた」という経験値を上げることにもつながるのです。

僕がメンバーのメンタルトレーニングを担当しているあるサッカーチームでは、試合前に毎回数名ずつ一発芸を披露するということがルーティンになっています。

「サッカーと一発芸なんて、何の関係があるの?」と思われるかもしれませんが、その目的は、一発芸を披露するときの「恥ずかしさ」を味わうこと。それによって、「緊張」に対するキャパシティを広げることが目的なのです。

つまり、「恥ずかしいけどできた」という自己肯定感を積み重ねることで、「緊張していてもできる！」という自信を育てているのです。

D君の場合も、両親の前でその日の出来事を発表したり、隣の子に「おはよう」と言ったりするときの感情は、「緊張」というより「恥ずかしい」だったかもしれません。

でも、この「恥ずかしい」という感情をたくさん味わうことで、D君の「緊張」の経験値は確実に上がっていったのです。

緊張に慣れるワーク

「恥ずかしい」で「緊張」に慣れよう

１週間、恥ずかしいを克服するための行動をしてみましょう。

自分が今恥ずかしいけれど克服したいものをひとつ考えます。

たとえば、それが人前で歌を歌うことだったとしたら、１週間後に友だちとカラオケに行けるようにするためにはどうするかを考えます。

【ステップ1】自分の部屋で、マイクかその代わりになるものをもって、1人で音楽に合わせて歌う
【ステップ2】家族がいるときに、音楽を聴き、リズムに乗って体を動かす
【ステップ3】家族がいるときに、鼻歌を歌う
【ステップ4】家族のいるところで、ちょっとだけ歌を口ずさんでみる
【ステップ5】家族の前で1曲歌ってみる
【ステップ6】家族と一緒にカラオケに行ってみる
【ステップ7】友だちを誘って一緒にカラオケに行く

というように、7つのステップを考えて、それを1日1ステップずつ行動していきます。

恥ずかしいけれど、行動する。

それを1週間続け、「恥ずかしい」を克服してみましょう。

高すぎるOKラインは、自信を失う原因に

トレーニングのポイントは、常に「できた！」という「できた感」＝自己肯定感を味わいながら、少しずつラインのレベルを上げていくことです。

すぐに結果を出したいからといって、いきなりレベルを高くしてしまっては、逆効果。

「今の自分ができること」のレベルを超えてしまうと、そう簡単にクリアすることはできないので、「やっぱりダメだった」という自己否定感だけが残ってしまいます。

D君の場合も、最初のトレーニングで多少緊張に慣れたとはいえ、「友だちを3人誘って、放課後一緒に遊ぶ」というOKラインをいきなり設定していたとしたら、おそらくそれをクリアすることはできなかったでしょう。

身の丈を超えたOKラインを設定してしまうと、たとえそのなかで「できたこと」が本当はあったとしても、それを認めることができません。

そうすると、せっかくできたことがあったとしても、「できた感」を全く味わうことができず、「できなかった」という挫折感や自己否定感だけが残ってしまいます。

たとえば、ダイエットを思い浮かべてください。

これまで失敗続きだった人が、「今度こそ1ヶ月で3キロ痩せる！」という目標を立てたとします。

ところが、1ヶ月後に量ってみたら、たった1キロしか減っていません。

その数字を見て、「ああ、やっぱりダメだった」と自信をなくし、そのままダイエット自体に挫折してしまう……そんなことはよくある話です。

けれども、1ヶ月に1キロ痩せる、というOKラインを設定していたとしたらどうでしょう？

1キロ痩せたという事実は同じなのに、「達成した！」「がんばれた！」という「できた感」が味わえると思いませんか？

こういう「できた感」があれば、「さらに1キロ痩せる」という次のOKラインに対しても、自信をもって取り組むことができます。次の1ヶ月でまた1キロ痩せたら、さらに自己肯定感は高まるでしょう。

そうして、自信をもちながら継続的にダイエットに励むことができれば、いきなり「3キロ痩せる！」ことを目指すより、結果的に早く3キロ痩せられる可能性が高くなります。

もちろん、目標は「3キロ痩せる」でもいいのです。

大事なのは、そこに至るまでに適正なOKラインを設定すること。この場合でいえば、それまでの経験から考えれば、**「1ヶ月に3キロ痩せるのは無理だろう」という自分の現実を受け入れたうえで、「今の自分にできること」＝「1ヶ月に1キロ痩せる」というOKラインを設定することです。**

お子さんの例ではありませんが、実際に僕がトレーニングを行った人で、「6ヶ月で10キロ痩せる」という目標をもっていた人がいました。

その方はとても真面目な性格だったのですが、これまでどうしてもダイエットのモチベーションを維持することができないと悩んでいたそうです。

「最初の1週間では何ができますか」と質問すると、「毎日腹筋30回ならできます」ということだったので、それを最初のOKラインに設定してダイエットをスタートさせました。

1週間後に再びお会いして結果を聞くと、彼女は申し訳なさそうに「1回も腹筋しませんでした……」とうつむきました。

人というのは不思議なことに、自分が苦手なものほど、なぜか負荷を高く設定してしまう傾向があります。つまり、**自分で思っている「できること」と、本当に「できること」の間に大きなギャップがあるのです。**

その方の場合も、仕事から帰ってきたら疲れて腹筋をすること自体が面倒くさくて、眠くていつの間にか寝てしまったりしたそうです。そして、やらなきゃいけないのにやれていない自己否定感ばかり感じて1週間を過ごしていたようでした。

そこで、仕事から帰ってきて疲れていても、面倒くさくてもできることは何があるかを話し合いました。そして、その結果、まずは「毎日1回腹筋している自分を頭の中で「イメージする」というOKラインからスタートしてもらうことにしたのです。毎日たった1回、しかも、それをただイメージするだけです。

世の中の人から見たら、そんなのダイエットじゃない！と思われることは間違いないでしょう。本人も最初はそう思っていたかもしれません。けれども彼女にとっては、それがダイエットの大事な最初の一歩なのです。

そのことを彼女自身にも理解していただき、そのOKラインから改めてダイエットに取り組むことになりました。

そのOKラインは、見事に毎日クリア。そして「できた！」という感覚を十分味わったところで、次は少しラインを上げて、「毎日1回、実際に腹筋をする」に設定しました。そして次は、「毎日2回」「毎日5回」……。そんなふうに、少しずつOKラインを上げて、それをひとつずつ確実にクリアすることで、自信を少しずつ積み上げていったのです。

スタートしてから5ヶ月後、その方は毎日2時間の運動ができるようになっていました。その結果、なんと10キロのダイエットに成功したのです。

「簡単なイメトレ」からスタートしたにもかかわらず、目標にしていた6ヶ月で目標が達成されたというわけです。

自己肯定感をもち続けられれば、「できること」のラインは少しずつ、そして確実に高くなります。 そして、目標に対しても「できることからクリアしていけばいい」と、自信をもって取り組めるようになるのです。

そのためには、決して欲張らず、適正なOKラインを設定することがとても大事だということです。

感情の感度を上げるワーク

できたら喜ぶくせをつけよう

自己肯定感を育てるには、それを感じる機会を増やすことが大切です。たとえ、小さなことでも、「できたこと」を体を使って喜ぶくせをつけることで、

「うれしい」などの感情を感じる機会を増やしましょう。

コツは簡単。

普段はあんまり喜ばないちょっとしたことでも、意識的にガッツポーズをして喜ぶようにする。

ただ、これだけです。

まわりが気になると、「なんでそんなことで喜んでるの？」と思われるのではないかという気持ちになるかもしれません。

でも、それに負けずに、小さなうれしいを体を使って意識的に味わうようにすることで、「うれしい」という感情に気づけるようになります。

事例

「やる気が出ない」自分を自分で責めてしまう

高校3年生のEさんは、大学受験の本番まで半年を切っているにもかかわらず、「やる気が起きない」ことを悩んでいました。

やらなくちゃいけないことはわかっているのに、どうしても勉強に集中できず、ついテレビを見てしまったり、スマホをいじってしまったりするのだとか。

ただ、詳しく話を聞いてみると、教科によって「やる気」のばらつきがあり、得意科目である国語と英語、それに数学の勉強なら順調に進められると言います。問題は、苦手な理科系と社会系の科目。センター試験を受験する予定があり、生物と世界史はきちんと準備する必要があるのに、全然やる気が起こらないのだそうです。

「できないなあ」という感覚のもの、つまり自信がないことに対してやる気を起こすのは、誰にとっても難しいこと。Eさんの場合も、まわりから見たら簡単な問題にさえつまずいてしまうことに焦ったり、できる友だちとの差を感じたりするなかで、それらの科目に対するやる気がどんどん落ちているようでした。

本来とても真面目なEさんは「面倒くさくてやる気が出ない」と感じることにとても罪悪感を感じていました。

「受験まであと半年しかないのにやる気が出ない自分はダメだ」という自己否定感を募らせていたのです。

「面倒くさい」という感情を感じ、やる気が出せないのは、誰にもコントロールできないこと。だから、Eさんに僕はまず、「そういう自分をちゃんと受け入れよう」という話をしました。

やる気が出ないのは仕方がないことで、それにいいも悪いもないのです。

また、いろいろと話しているうちに、Eさんは、「時間」という概念をとても重視していることがわかりました。

「勉強はやったぶんだけ身につく。今までの自分もそうだったし、だから、勉強する時間を増やすことができれば、成績も伸びていく」という考え方をしていたのです。

そこで、苦手な科目の勉強の時間を伸ばしていく方法を一緒に考えていくことにしました。

「何分くらいだったら、苦手な科目の勉強でも集中できると思う?」

と尋ねたところ、

「今の自分だと15分が限度だと思います。集中しようと思っても、だいたいそれくらいで嫌になって、スマホに手が伸びたりするから」

「そっか。つまり、15分なら集中できるってことだね。じゃあ、15分を1セットだと考えればいいよ」

「え? たった15分でいいんですか?」

「そう。15分できたらOKだよ。それをクリアできたら、休憩したり、別のことをしたりしても全然大丈夫。それならできそう?」

「はい、それならたぶんできます」

「15分を1セットにするとしたら、1日のうちに何セットチャレンジできると思う?」

「うーん、他の勉強もあるし、2セットくらいかもしれません」

「そっか。じゃあ、次の1週間は1日のうちに15分を2セットやれたらOKということにしよう。ただし、**無理にやる気を出そうとしないこと。嫌だなあと思っているままでいいから、できることを確実にやっていこうよ**」

そうして、1週間過ごした後に成果を聞いてみたところ、「毎日ちゃんとできました!」と、「やりたくない気持ちがあってもできた!」という感覚をしっかり味わってくれていました。

しかも、日によっては3セットやれる日もあったそうで、3セットくらいならいけそうという本人の意志で、次の1週間のOKラインは3セットに設定されました。

3セットのOKラインも楽に超えられたEさんは、「苦手だけどできた!」という自己肯定感を味わっているうちに、気がつけば30分以上集中していた、ということが起こるようになり、やがて、「1時間集中する」というOKラインが楽々クリアできるまでになりました。

「やりたくない」という感情を認めたうえで、少しずつOKラインを上げていった結果、「自分ができること」のレベルも確実に上がっていったのです。

2ヶ月もたつと、Eさんは、苦手科目でも、得意な科目と同じくらいの勉強量を集中してこなせるようになりました。

それに比例して点数も伸びていったことで、「苦手だけどやれる！」という自信をどんどん深めていったのです。

そして、Eさんは、センター試験では苦手科目も高得点を獲得し、そのおかげで、2つ挙げていた志望校の両方に見事合格を果たしました。

「以前の自分は、やる気を出さなければ成績は伸びないと思い込んでいて、苦手な科目も好きにならなきゃ、と焦っていました。でも、やる気がなくてもちゃんとできる！ということがわかったし、苦手なものを無理に好きになる必要はないな、って今は思えます。

だから、勉強に対する感覚が変わりました。これからも、『やりたくないな』っていうものに対しては、そういうやり方でいけばいいんだと思えるので、大学での勉強も楽しみです」（Eさん）

ＯＫラインのレベル＝向き合える感情のキャパシティ

ところで、ＯＫラインのレベルが上がることで、なぜ結果が出せるようになるのでしょうか？　それは、「向き合える感情のキャパシティ」が広がるからです。

Ｄ君の例でいえば、「隣の席の子に『おはよう』って言う」ことより、「友だちを3人誘って、放課後に一緒に遊ぶ」ことのほうが、はるかに高いレベルの緊張を感じるシチュエーションです。そのＯＫラインをクリアするということは、前者より強い緊張を感じても「できる」自分に成長したということになります。

Ｅさんの場合も、15分を2セットやることより、1時間を1セットやることのほうが、「やりたくないな」という気持ちをより強く感じるはず。

ですから、「1時間を1セット」というＯＫラインをクリアするということは、前者より大きな「やりたくない気持ち」をもったままでも結果が出せる自分に成長した証拠なのです。

受験にしろ、スポーツの大事な試合にしろ、ピアノの発表会にしろ、どんなに周到な準備をしていても、「本番」というのは、子どもたちの心に大きな負荷がかかります。「緊張を楽しもう！」などと言う人がいますが、楽しめたかどうかは終わった後にしかわかりません。後から「楽しかった」という感想をもつことはあるかもしれませんが、本番に向かうとき、そして本番中の緊張は、緊張という感情でしかないのです。

それが自分にとって重要な「本番」であればあるほど、そんな感情が自分の許容量を超え、「できる！」という自信がもてなくなって、「怖い」「不安」といった別のマイナスの感情までどんどんわき上がってくるのです。あまりの大きさに逆に見ないふりをしたり、そこにフタをしようとしてしまうこともあるでしょう。

けれども、**強い「マイナスの感情」をきちんと受け止めることができれば、本番で自分の力を発揮することができます。**

つまり、本番に強いか弱いかは、「マイナスの感情」のキャパシティの違いということもできるでしょう。言いかえれば、マイナスの感情のキャパシティを少しずつ広げていくことが、本番に強いメンタルをつくることにつながるのです。

第3章

どうすれば自信がつきますか？

「自分が確実にできること」を確実にクリアしていくことです

親基準のOKラインは高すぎる⁉

第2章では、OKライン（＝今の自分にOKをあげられる基準）を使ったトレーニングのポイントは、「できた！」という「できた感」＝自己肯定感を常に味わいながら、少しずつラインのレベルを上げていくことだという話をしました。

ここでは、OKラインをどう設定するかについて、もう少し見ていきましょう。

OKラインの基準は、あくまでも「その子自身」にあります。世の中の基準がどうであるかとか、周囲の人がどう考えているかとか、まわりの人がその子をどう見ているかではありません。

そして、お父さんやお母さんに何を期待されているか、でもありません。

以前、子どもたち向けにダンスのワークショップを実施したことがありました。

その日のプログラムは、プロのダンサーの方に指導を受け、最後にお父さんやお母さんの前で発表会を行う、というもの。

人前で踊るというのは初めてという子が多く、プログラムの最初の、今の自分の気持ちを言葉にしてみようというワークでは、みんな「緊張する」「ドキドキする」という正直な感情を口にしてくれました。

「じゃあ、今日ここにいる全員が絶対にクリアできることってなんだろう？」というテーマで話し合ったところ、さまざまな意見が出ましたが、全員がこれならできる！と納得した、「今日覚えた踊りを、発表会で最後まで止まらずに踊れたらＯＫ」というレベルを、その日の「ＯＫライン」にしました。

そのＯＫラインをクリアするために、真剣にダンスのレッスンを受け、いよいよ最後は発表会です。

子どもたちは自分の力を精一杯発揮して、本当に全員がその日覚えた踊りを「最後まで止まらずに」踊ることができました。

つまり、その日のＯＫラインを見事にクリアしたのです。

子どもたちはみんな「できた～！」と大喜び。「止まらずに踊れている自分」を感じながら、つまり「できた感」をたっぷり味わいながら踊っていた子どもたちは、大きな達成感を得ていました。

そして、最後のアンケートで今日の自分に点数をつけてもらったところ、全員が自分に100点をつけてくれました。子どもたちはみんな、その日の自分に堂々とOKをあげていたのです。

ところが、お父さんやお母さんへのアンケートで「今日のお子さんの点数は何点ですか?」という質問をしたところ、100点をつけたのは、ほんの数人だけ。80点とか90点とか比較的高得点をつけた方もいましたが、なかには50点や60点という数字を書いた方もいたのです。

その理由は、「他の子から少しテンポが遅れていた」「リズムにちゃんと乗れていない」「もっと元気に踊ってほしい」といったもの。

もちろん、その日のOKラインは「最後まで止まらずに踊ること」だということは事前にお伝えしていました。それなのに、**多くの親御さんは、それがクリアできたことよりも、「できなかったこと」ばかりに意識を向けていたのです。**

子どもたちがせっかく、「できた!」という自信を持って発表会を終えられたのに、お父さんやお母さんたちは自分たちの基準で「できなかった」ことにしてしまっている――。僕はとても残念な気持ちになりました。

実は、子どもがなかなか自信をもてないと相談にいらっしゃる親御さんほど、お子さんに「高すぎるＯＫライン」＝「親基準のＯＫライン」を与えている傾向があります。

つまり、今の実力からすれば現実的には80点がギリギリという子に、90点とか100点のＯＫラインを勝手に設定しているのです。

そうすると81点をとったとしても、ＯＫラインに届かないので、「できた！」という感覚を味わうことはできません。当然、自信を得ることもできません。いつもより1点高い81点が「とれた」ことに意識が向けられないのです。

高すぎるＯＫラインによって、「できた感」を得るチャンス＝自信を得るチャンスが奪われてしまう――それが子どもたちがなかなか自信がもてない原因なのです。

高すぎるOKラインが子どもから自信を奪う

「高い目標をクリアしたほうが、大きな自信になる。だから80点ではなく、90点とか100点を常に目指すべきだ」と考える方がいるかもしれません。

けれども、今の実力では80点がギリギリなのに、その現実を無視して90点や100点を目指しても、クリアできない可能性が高いのは明らかです。そんな非現実的な点数をやみくもに追いかけていても、自信など育つはずはありません。

もちろん、今80点をとるのがやっとというお子さんに90点や100点をとることは不可能と言っているわけではありません。90点や100点を目標として掲げること自体を否定しているわけでもありません。

なぜなら、「できた感」を味わい、自己肯定感を得る経験を繰り返せば、少しずつラインを上げることができるからです。そうすれば、いずれ90点や100点だってとれるようになります。だからこそ、まずは80点というOKラインが必要なのです。

大事なのは、確実にできること（＝80点をとること）から始めて、「できた感」を積み重ねていくこと。それによって、まだできないこと（＝100点をとること）に向かっていく自信が生まれるのです。

自信がもてない子どもたちを増やしている大きな原因は、このような親子間のOKラインのギャップではないかと僕は感じています。

僕のトレーナーとしての経験をふり返っても、大人というのは、世の中の常識や平均、あるいは他人の目といった自分以外の基準を気にして、自分のOKラインをついつい高めに設定してしまう人がとても多いように感じます。

言いかえれば、**大人というのは、「理想の自分」と「現実の自分」とのギャップを認めることが苦手です。**

その点子どもは、自分に上手にOKをあげられる子が本来はとても多いのです。トレーニングの成果が、大人よりも総じて早く表れるのもそのせいだと思います。

OKラインを「その子自身の基準」で適正に設定しさえすれば、驚くほど早く、「できる！」という自信がもてる子に変わっていくのです。

さっそくＯＫラインを設定してみよう

「その子自身の基準」でＯＫラインを設定するために必要なのは、「対話」です。今の自分に何ができて、何ができないかを、まずはきちんと整理することが大切なのです。

たとえば、「緊張しても実力を発揮できるようになる」ことを目的にトレーニングをする場合は、どれくらいの緊張になら、今の自分でも向き合えるかということを一緒に考えます。

その際、緊張しても実力を発揮したい場面がテニスの試合であるとか、受験であるとか、特定の場面であったとしても、その場面にこだわる必要はありません。

それらは、「緊張」のわかりやすい場面のひとつに過ぎないので、テニスの大事な試合での「緊張」や受験のときの「緊張」も、学校の授業中に発言するときの「緊張」の延長線上にあると考えていいのです。

まず、日常生活の中で、その子がどういうときに緊張するのか質問します。第1章で紹介した「感情日記」を**「緊張日記」**にして、1週間くらい「自分が緊張したこと」だけを書いてもらうのもいいでしょう。

「この1週間で緊張したこと」
- **先生に急に指されて発言したとき**
- **日直で朝の挨拶をしたとき**
- **塾の帰りにクラスの女の子に会ったとき**
- **普段あまり話したことがない子に話しかけられたとき**

次に、これらの出来事に対してどのくらい緊張したかを数値化し、どんなふうに対応したかを書き出します。そして、それに対して「できた感」を感じられたのか「できなかった感」を感じたのかを書き出します。

①先生に急に指されて発言したとき　緊張度90％
しどろもどろになり、うまく答えることができなかった。
「できなかった感」があった。

②日直で朝の挨拶をしたとき　緊張度60％
準備していたことを何回か突っかかりながらも言えた。
「できた感」があった。

③塾の帰りにクラスの気になる女子に会ったとき　緊張度100％
いきなりすぎて動揺して、目も合わせることができなかった。
何も話すこともなく終わってしまった。
「できなかった感」があった。

④普段あまり話したことがない子に話しかけられたとき　緊張度70％

少しビックリしたけど、ちゃんと話せた。なんだかんだで10分も話した。
「できた感」があった。

「できなかった感」のあった①と③は、次に同じ場面に遭遇したときに、自分はどんなことなら確実にできるかを考え、そこにＯＫラインを設定することが重要です。

①バタバタとあわてて立つのではなく、ゆっくり立ってから、先生の質問に答える。
③目を合わせて挨拶をする。

これが、次回のＯＫラインです。これができたら、その次のステップを考えて、緊張していても実力を発揮できるようになっていきましょう。

ポイントは、「自分がこれなら確実にできること」をＯＫラインにすること。

身の丈以上のレベルにまで引き上げた結果、「やっぱりダメだった」「やっぱり失敗した」と自己否定感を感じるようになってしまっては、本末転倒です。

ただし、だからといって、低めに設定しておけば安心というわけではありません。

ＯＫラインは、それをクリアすること自体が目的なのではなく、成功体験を重ねて、「自己肯定感」や「自信」を育てるために設定するもの。あくまでも自信づくりの土台として設定するものです。

いつも80点ならとれているという子のＯＫラインを50点にした場合、実際の点数が60点だとしたら、ＯＫラインは確かにクリアしているとしても、「できた感」などは得られないはずです。本来の力は80点なのですから、実力に見合った結果も伴っていません。これでは自分にＯＫはあげられないでしょうから、そもそも「ＯＫライン」とはいえないのです。

つまり、**ＯＫラインは、「自分が確実にできること」であると同時に、「それをクリアすることが成功体験になること」に設定すべきです。**あくまでも、「今の実力に見合ったレベル」であることが大事なのです。

特にお子さんのＯＫラインは、お子さんの様子をよく観察して、十分に対話をしたうえで、慎重に決めるようにしてください。

事例

学校に行くのが怖くなってしまった

小学4年生のFさんは、冬休みが明けた1月の中旬くらいから、学校に行くことを嫌がるようになりました。

理由を聞いても、「別にない。でも行きたくない」と言うだけで、ご両親も途方にくれていたそうです。

欠席日数はすでに2週間を超えていました。

トレーナーがじっくり話を聞いてみたところ、仲良くしていたはずの友だちが急に自分に冷たくなり、そのことに彼女は深く傷ついている様子でした。

ただ、「学校に行きたくない」と思った最初の理由は、確かに一人の友だちとの関係にありましたが、1日学校を休んでしまった翌日からはむしろ、「学校をサボってしまった自分は、クラスの友だちからどう見られるのか」ということが気になっているのだとか。だから、学校に行くのが「怖い」のです。

もともと真面目なFさんは、「病気でもないのに学校をサボった」ことに大きな罪悪感を抱き、そして「そんな自分はダメダメだ」と強い自己否定感を感じていたのです。

さらに話を聞いてみると、Fさんにとって最もハードルが高いのは朝の時間帯だということがわかりました。

なぜなら、授業中はみんな勉強に集中しているし、休み時間はそれぞれが校庭に出たり、図書室で本を読んだりしているけれど、朝は授業が始まるまでの間、クラスの全員が教室にいる。だから、そのときに自分に対してみんながどんな態度をとるのかを想像すると怖くてたまらないのだそうです。

Fさんが少しでも楽に学校に行けるようにと、お母さんは「行って嫌だと思ったらすぐに帰ってきていいよ」と妥協案を出して、「とりあえず朝、学校に行く」ことをずっと提案していたようです。

けれども、実は、Fさんにとっては朝こそが最も「怖い」時間帯なのですから、「とりあえず朝、学校に行く」というのがFさんにとって難しいことであって、それはあまりにも高すぎるOKラインだったのです。

そこで、トレーナーはこんな質問をしてみました。

「じゃあ、何時間目からだったら行けると思う？」

するとFさんは、

「3時間目くらいからなら行ける気がする。でも、そんなことしていいの？」

Fさんもお母さんも、「学校は朝から行くのが当たり前」だと思い込んでいました。

「学校は朝から行くもの」というのは確かに常識かもしれません。ただ、「自分にできること」「その子にできること」を探すためには、常識やまわりの人の価値観は一度すべて忘れたほうがいいのです。

OKラインは、あくまでも「自分基準」「その子基準」で設定するもの。

だからFさんは、「3時間目から学校に行く」というOKラインを設定しました。

そして、トレーナーはご両親に、このOKラインをクリアできたら、Fさんが堂々と自分にOKをあげられるよう全面的にフォローしていただきたいとお願いしました。

Fさんの〇Kラインは Fさんだけのものなのですから、他の人にとってはOKではない可能性もあります。だから、もしかすると友だちから何か言われたり、先生に注意されたりすることがあるかもしれません。

それでも、一番近くにいてくれて、一番信頼できるお父さんやお母さんにたくさんほめてもらえば、Fさんは「できた！」という気持ちをちゃんと味わうことができるのです。

Fさん親子が相談に来たのは火曜日でしたが、その週の木曜日の夜、Fさんは「明日、学校に行く」とお母さんに言ったそうです。トレーナーのアドバイスを思い出し、「そうね、3時間目から行けたらいいね」と声をかけたお母さんに、Fさんは「うん」と小さくうなずいたのだとか。

そして、金曜日の午前中、Fさんは3時間目に合わせ、家を出ました。少し心配になったお母さんが「大丈夫？」と声をかけると、「怖いけど、仕方ないから行く」と答えたそうです。

その日、Fさんは途中で帰ってくることはなく、最後まで学校で過ごしました。家で待っていたお母さんが「すごいね、ちゃんと行けた！」と笑顔で迎えると、

Ｆさんもホッとした表情で「うん、できた！」と答えました。夜、仕事から帰宅したお父さんも「すごい！　ちゃんとできたね！」とたくさんほめてくれたそうです。

週末を挟んでの月曜日、ご両親は内心心配していたようですが、お母さんによれば、「あっさり朝から普通に（笑）」、Ｆさんは学校に行ったそうです。

どうやら「案ずるより産むが易し」だったようで、２週間も学校を休んだことをまわりの友だちはさして気にしている様子もなく、Ｆさんをごく普通に受け入れてくれたのだとか。

Ｆさんも少し拍子抜けしたようですが、それによって、「学校をサボってしまったダメな自分」という自己否定感も解消されたようです。

さらに、Ｆさんは「ちゃんと学校に行けた」という自己肯定感も得ていました。

だからこそ、つい先日まであんなに高かった「朝から学校に行く」というハードルさえ、楽々と越えることができたのです。

感情のとらえ方には違いがある

何に対して、どういう感情をどれくらい抱くかは、本人にしかわからないことです。Fさんの場合も、ご両親が考えていたOKラインの高さと、Fさんが感じるOKラインの高さにギャップがありました。

お母さんはきっと「嫌ならすぐに帰ってきてもいい」という安心感があれば気が楽になる＝OKラインが下がる、と考えていたのだと思います。もしかしたらそう考える人のほうが多いかもしれません。そこには、「遅刻」よりも「早退」のほうが気が楽だという思い込みもあったのかもしれません。

けれども、当事者であるFさんにとっては、「すぐに帰ってもいい」という安心感より、「朝、学校に行く」ことの「怖さ」のほうが勝っていたのです。だから、朝の時間を避けられるのであれば、たとえ遅刻することになっても、それは「越えられそうなOKライン」だったというわけです。

〈お母さんのOKライン〉

朝から学校に行って、嫌なら早退する∧3時間目から遅刻して学校に行く

〈FさんのOKライン〉

朝から学校に行って、嫌なら早退する∨3時間目から遅刻して学校に行く

ＯＫラインは、人からどう見られるかとは関係ありません。ＯＫラインは、あくまでも自分が自分にＯＫをあげるためのものです。

そして、それを見守るお父さんやお母さんは、お子さんのＯＫラインを理解し、寄り添っていただきたいのです。

たとえ、最初はお子さんにとって適切なＯＫラインが設定できたとしても、「理想」や「常識」に振り回されてしまうと、それを早く引き上げたいという「本音」が言動に現れたり、ＯＫラインを上げることを急いだりしがちです。

でもそうすると、子どもの「できた！」という気持ちを萎えさせてしまい、自己肯定感や自信が得られにくくなります。

場合によっては、「実はダメなのかもしれない」という自己否定の気持ちに変わってしまうことさえあるかもしれません。

Fさんの場合も、3時間目から登校して、「できた！」という自己肯定感をせっかく味わっているときに、「次は朝から行けるといいわね！」などとお母さんがつい言ったりしていたら、「やっぱり、自分はダメなんだ」という自己否定に転じていた可能性もあります。

つまり、OKラインは、それを上げるタイミングも大事だということです。ポイントとなるのは、十分に「できた感」を味わっているかどうか。

これまでより高いOKラインにチャレンジしようという意欲や、実際にそれをクリアする力につながるのは、「できた感」がもたらす自信なのです。

親子で取り組めば、トレーニングの効果倍増

どんなときに、どんな感情を、どれくらい感じるのか——。それは、本人にしかわ

からないこと。

ですから、設定したＯＫラインをクリアしたときに、お子さんがどれくらいの「できた感」を味わっているのか、逆にもしもそれがクリアできなかったときにどれくらいの挫折感を感じるのか、それも本人しか知り得ないことだといえます。

けれども、その感覚を共有することならできます。

それは、お父さんやお母さんも、お子さんと一緒に、同じトレーニングにチャレンジしていただくことです。

もし、お子さんが緊張に慣れるトレーニングをしているのであれば、同じテーマで取り組むのもいいでしょう。もちろん、同じではなくても、自分にとって課題になっている別の感情をテーマにしてもいいと思います。

お子さんのＯＫラインを決めるときと同じように、ぜひお子さんと対話しながら、お父さんやお母さんも「自分のＯＫライン」を決めてみましょう。

そうすると、他人の決めつけではなく、自分の基準に従うことの大事さが実感できるはずです。

お子さんのＯＫラインをつい親目線で決めようとする親御さんに、ご自身のＯＫラインを決めるワークをやっていただくと、他人からＯＫラインを強要されることの不快感やそこから生じる不安がよくわかるそうです。そのおかげで、お子さんの気持ちが自然と尊重できるようになったと、みなさん口々におっしゃいます。

また、トレーニングを通じて「できた！」という感覚を得た方は、その感覚がいかに自信につながるかを、身をもって経験します。自信がつくと、もう少しラインを上げてみようという意欲がわいてくる感覚も実感できるでしょう。

そういう感情が共有できると、お子さんも「やらされ感」を感じなくなります。もちろん、それによってトレーニングの成果が上がりやすくなりますので、まさに一石二鳥だと思います。

自分軸のOKラインが、生きる力につながる

まわりに惑わされず、自分の軸をもつこと。

これはOKラインにかぎらず、生き方すべてにおいて大事なことです。

自分はダメだと自信を失ってしまう原因の多くは、他人と自分を比較して劣等感を抱いたり、まわりの人の評価を必要以上に気にすることにあるのではないでしょうか。

「子どもの場合は、自分に上手にOKをあげられる子が多い」という話をしましたが、やはり、成長するにつれ、自分と友だちとの違いに焦ったり、まわりの評価が気になったりします。

それはある意味、「成長した証拠」でもあるのですが、一方で、子ども自身が、自分には高すぎる「OKライン」を自分に強いるようになり、そのせいで苦しんだり、自信を失ってしまう、ということが起こるようになってしまいます。

もちろん、高い目標をもつのは大切なことです。でも、ＯＫラインはあくまでも自分に合ったものにする必要があります。

しかも、社会に出れば、誰でもさまざまな競争やプレッシャーにさらされますから、まわりの評価だけを基準にすれば、自己否定感ばかりが募り、仕事のやりがいも生きがいも見つけられなくなってしまうかもしれません。

そんななかで必要となるのは、**今の自分を認め、自分自身の軸で自分にＯＫを与えながら、やれること、やるべきことを積み上げていける力**ではないでしょうか。

「自分を認める」というのは何も、現状維持で満足するということではありません。自分を過大評価してできないことを見て見ぬふりをしたり、逆にできないことばかりを意識して過小評価するのではなく、できることも、できないことも含めて自分なんだということに気づくことです。

自分がどういう人間なのかがわかれば、自分軸に意識が向くようになります。

そうすると、以前よりできるようになったこと、成長したことにも気づけるようになります。

そういう自信が生きる力につながるのではないか。僕はそう思っています。

事例

「誰かに勝ちたい」気持ちが強すぎて、自分にOKを出せない

中学1年生のG君は水泳の選手。水泳は小学生の頃からやっていて、ぐんぐん実力をつけていたものの、中学生になってからは、大会に出てもあまりいい成績が出せなくなっていました。

同じく水泳選手の5つ上のお兄さんは、緊張の経験値を上げ、本番で実力を出すためのトレーニングを行っていました。でもお母さんは、G君の課題は、緊張というよりも、「やる気のなさ」ではないかと感じていました。

トレーニングでは、その子の特徴を知るために、さまざまなゲームに取り組んでもらうのですが、「じゃあ、このゲームの目標は何回にする？」と尋ねると、G君は必ず「にいちゃんは何回できた？」と聞くのです。

「お兄ちゃんは10回中5回だったよ」と伝えると、「じゃあ、7回にする」とキッパリ。

そして、3回失敗して、目標が達成できなかった時点で、「俺はやっぱ、ダメだ。もうやりたくない」と機嫌を損ねてしまうのです。

G君がお兄ちゃんを意識しすぎているのは明白でした。

「にいちゃんに勝ちたい、負けたくない」という気持ちが強すぎて、いつもお兄ちゃんという基準でしか自分を評価できない状態だったのです。

「誰かに勝ちたい、負けたくない」という気持ちをもつこと自体は決して悪いことではありません。

ただ、それとは別に、自分の基準をもたなければ、お兄ちゃんに勝つことでしか自分にOKをあげられなくなってしまいます。

5つ上のお兄ちゃんに勝つことは、G君にとって超えることが難しいOKラインであることは間違いないので、そのために自信もやる気も失っていたのです。

でもだからといって、「にいちゃんに勝ちたい」という気持ちを否定する必要はありません。むしろ、その気持ちはG君の本音としてしっかりと受け止める必要があります。

そこで、なぜお兄ちゃんに勝ちたいのか、そもそもお兄ちゃんのことをどう思っているのか、というG君の感情をもっと掘り下げてみることにしました。

最初は隣にいるお母さんを気にしてか、少し言葉を選んでいたG君でしたが、トレーナーに心を開くに従って、内に秘めていた本当の気持ちを吐露するようになっていきました。

「にいちゃんなんて、すげー嫌い！　だから絶対に負けたくない！」

過去に同じような経験をした人も多いと思うのですが、兄弟に対する感情というのは意外に複雑で、しかもいつも同じではありません。一時的に大嫌いになることも比較的よくあることです。

ただ、小さな子どもならともかく、中学生ともなれば、多少なりとも親の顔色をうかがったり、血の繋がった兄弟を嫌うのはよくないことだという理性もはたらくようになります。

そうするといつの間にか、自分の正直な気持ちに向き合えなくなってしまうのです。

とはいえ、たとえ兄弟が相手でも、「嫌い」という感情は自分ではコントロールできないものなので、それを無理に抑えつけようとすると、かえってお兄ちゃんを強く意識するようになってしまいます。

G君もいつの間にか自分自身の基準を見失い、お兄ちゃんという基準しかもてなくなったのでしょう。

お母さんもまた、ついお兄ちゃんを引き合いに出してしまう傾向があるようでした。お話ししているなかで、「兄と違って～」「兄は～なのに、この子は～」と「兄」という言葉が頻繁に出ていて、G君の評価がいつも「お兄ちゃん」基準になっていたのです。

もちろん、お兄ちゃんがすべてよくてG君はすべてダメだと思っていたわけではなく、それぞれにいいところも足りないところもあるとおっしゃっていましたが、いいも悪いも、常に基準はお兄ちゃんにあったようです。

そこでトレーナーはＧ君に、こんなふうに伝えてみました。

「お兄ちゃんのことが嫌いで、だから勝ちたいと思っているんだよね。それはよくわかったよ。でもさ、『お兄ちゃんに勝ちたい』ということのほかに、Ｇ君自身が今何ができるかについて考えてみようよ」

幸い、次の大会は、中学生のみの大会だというので、その大会でＧ君自身が何ができるかについて考えることにしました。

少なくともそこにはお兄ちゃんはいないので、それはＧ君にとって、「自分軸のＯＫライン」になるだろうとトレーナーは考えたのです。

ただ、これまでの戦い方を聞いてみると、やはりお兄ちゃんに勝ちたいという気持ちが強すぎるのか、たとえお兄ちゃんがそこにいなくても、常に完璧なレース展開ができる自分にしかＯＫをあげられない状態が続いていたようです。だから途中でひとつでもミスがあると、モチベーションが一気に下がり、そのままズルズルと後退してしまう、というパターンが続いていました。

一方で、いつもコーチにほめられることがありました。それは、スタートのよさ。性格が強気な分、スタートから思い切り攻めていける。それがG君の強みでした。

そこで、「スタートを完璧にできたらOK」というOKラインを設定しました。「にいちゃんはスタート苦手だけど、俺は得意だから」と、お兄ちゃんへの強い意識は残っていましたが、少なくとも、スタートが完璧かどうかはG君自身の問題なので、これは自分基準で設定されたOKラインだといえます。

血が繋がったお兄ちゃんのことを「嫌い」だというG君の言葉に、とてもショックを受けている様子だったお母さんには、兄弟間のそのような感情は自然なことで、一時的なことであること、そして、G君が自分軸をある程度取り戻すまでは、お兄ちゃんを引き合いに出すことは避けてほしいというお願いをして、その日のトレーニングは終了しました。


次の大会。

G君のスタートは完璧でした。もうその時点でG君は、「できた！」という達成感を感じていたと思います。そしてその「できた！」という自信でその後も強気にレースを進め、自己ベストを一気に2秒も縮める大躍進を遂げたのです。

お母さんも、いつの間にかお兄ちゃんを基準にしてG君に向き合っていた自分を反省し、その姿勢を改めるよう心がけてくださっていたそうです。そして、お母さんが「自分」を見てくれていることをちゃんと感じていたからこそ、G君は「自分の軸」に意識を向けられるようになっていったのではないかと思います。

でもだからといって、その後G君の心から、お兄ちゃんに対するライバル意識がなくなったかというと、決してそうではありません。おそらく、お兄ちゃんに勝ちたい、負けたくないという気持ちがゼロになることは、この先もないでしょう。

それでも、自分軸のOKラインをクリアして、さらにいい結果までもたらしたという成功経験によって、自分の軸をもつことへの自信はついたはずです。

「お兄ちゃんを意識しすぎている自分に気がついたときは、そんな自分を認めたうえで、意識して自分軸に軌道修正する。そして、自分自身の力を発揮するために自分がやるべきことをやるんだ――」

そんな思考ができるようになれれば、G君は自分のもっている力をもっともっと発揮できるようになるでしょう。

また、そうやって自分への自信をどんどん深めていけば、届かないと思っていたお兄ちゃんにあっさり追いついてしまうのかもしれません。


同性の兄弟、あるいは姉妹の場合、お互いの存在がほどよい刺激になって非常にうまくいっている場合もありますが、どちらかが強いコンプレックスを抱いているケースも決して少なくありません。


弟や妹が、兄や姉に、過剰なライバル意識をもっているという状況は比較的見えやすいのですが、逆のパターン、つまり兄や姉が弟や妹にコンプレックスをもっている場合はなかなか表に出てこずに、人知れず苦しんでいることがあります。

「兄・弟」とか「姉・妹」という序列があるぶん、兄や姉は、「弟や妹より優れている自分」にしか、なかなかOKをあげることができません。

特に、小さい頃から「お兄ちゃんなのに」「お姉ちゃんなのに」と言われて育っていると、「兄である自分」あるいは「姉である自分」を意識しすぎて、必要以上に高いOKラインを自分に課してしまいがちです。たとえば弟や妹が80点なら、「100点をとる自分」でなければOKがあげられないのです。

そこに届かないことが続けば、「お兄ちゃんなのにダメな自分」「お姉ちゃんなのにダメな自分」という自己否定感をどんどん募らせてしまうことになります。子どもにとって、兄・姉という役割は、大人が想像している以上に重いのかもしれません。

そこから救い出してあげられるかどうかは、やはり、身近なお父さんやお母さんの言動にかかっているように思います。

「兄や姉だから、弟や妹より優れていて当然」というスタンスで話をするなど、必要以上にその役割を意識させる言動は、その役割を果たさなければ認めてもらえないのではないかという、潜在的な恐怖心を与えてしまう可能性があります。

もし、そういう言動に心当たりがある方は、その姿勢を改めて、それぞれを一人の人間として尊重してあげることが大切なのではないでしょうか。

⁙ ＯＫラインは、自分でコントロールできることに設定する

ＯＫラインを決めるうえで大事なことがもうひとつあります。

それは、「自分でコントロールできることに設定する」ということです。

たとえば、「次の試合に勝つ」というのは、目標としてはもちろんありなのですが、ＯＫラインとしてはあまりふさわしくありません。

なぜなら、試合に勝つかどうかは、自分が１００パーセントの力を発揮できたかどうかと必ずしもイコールではないからです。

「コーチに怒られない」といったことも同様で、このような相手がいて成り立つようなことは、自分の力だけではどうしようもない部分があります。どんなにがんばったところで、雨が降るのを止められないのと同じです。

このような、**自分でコントロールできないことにＯＫラインを設定してしまうと、「できた感」が得られず、自信もつきません。**つまり、ＯＫラインには向いていないの

です。

自信を積み重ねて目標に向かうためには、自分で結果をコントロールできるＯＫラインを設定する必要があります。

つまり、
「試合で負けているときはいつもプレーが雑になるから、ていねいにプレーすることに意識を向ける」
「コーチに怒られるといつもはそのまま落ち込んでしまうから、大きい声を出して盛り上げるようにする」
というようなことをＯＫラインに設定することが大事なのです。

このようなものであれば、試合の動向やコーチの感情にかかわらず、「やるべきことをやれた」という「できた感」を味わうことができます。

そして、その自信を積み重ねることで、「試合に勝つ」「コーチに怒られないようにする」という目標にも向かうことができるのです。

事例

本質からずれたところにOKラインを設定してしまっている

中学2年生のH君は、強豪ジュニアユースクラブに所属しています。入団して以来ずっとレギュラーメンバーだったのに、1ヶ月ほど前からスタメンを外れるようになっていました。

もう一度レギュラーの座を取り戻したいと必死に練習しているのに、途中出場した練習試合でもミスを連発するようになってしまい、とても焦っていました。

トレーナーはまず尋ねてみました。

「最近、どんな感じで試合やってるの？」

「監督に認められるためには、グイグイやらなきゃって。だって、活躍しなきゃ、絶対スタメンに戻れないから……」

「サッカーってどんなスポーツだっけ？　どうなったら勝ちかな？」

「え？」

「個々が自分をアピールできたら勝ちかな？」

「いや、そうじゃなくて、チームとして相手より1点でも多くとったら勝ち」

「そうだよね。H君はレギュラーで活躍していたときって、試合中、何を大事にしてた？　自分が活躍すること？　それとも勝つこと？」

「それはやっぱり、チームが勝つこと」

「そうだよね。そこが今と違うところなんじゃないかな」

「そうか……」

レギュラーの座を取り戻すことに必死だったH君にとって、OKがあげられるのは、「監督にアピールできた」自分だけでした。

「スタメンに戻る」という目標のためには、「監督にアピールしなくてはいけない」という気持ちはよくわかります。ただ、「監督にアピールすること」といったサッカーのゲームとしての本質からずれていることにOKラインを設定してしまうと、あまりうまくいきません。

そもそも「監督にアピールする」というのは、自分でできたかできなかったかの判断がしづらく、また自分でコントロールできない部分が大きい基準でもあります。

十分にがんばったつもりでも、チームの事情でやっぱり次の試合もスタメンから外れてしまう可能性もあるでしょう。そうすると「できた感」が得られないし、仮にスタメンに戻れたとしても、それはアピールできた結果なのかもしれないけれど、極端な話、単なる監督の気まぐれという可能性も否定できません。

OKラインというのは、あくまでも自分軸のラインなので、「自分でできた、できなかった」を判断できるもの、自分でコントロールできるものでなくては、あまり意味がないのです。

その後、H君はチームが勝つために、というサッカーの本質に立ち戻ったうえで、「ベンチにいても大きな声を出す」とか「途中出場してピッチに立ったら、とられたボールは絶対にとり返す」といった自分で「できた感」を味わえることをOKラインにすることを心がけました。

すると、あんなに悩んでいたのが嘘のように、すぐにスタメンに復帰できたのです。

それは、サッカーのゲームの本質に立ち戻り、さらに自分でコントロールできることに設定したＯＫラインをひとつひとつクリアして、しっかりと「できた感」を味わって自信を得ることができたからこその成果だったのだと思います。

第4章

「できることをやる」だけでなぜ目標が達成できるのですか？

「自信」という
強力なエンジンを
手に入れるからです

ＯＫラインなら早く、確実に結果が出せる

この本でご紹介しているＯＫラインを使ったメンタルトレーニングは、本番に強くなる、ということも含めた、目標達成のためのアプローチです。


「ＯＫラインは少しずつ上げていくこと」

「ＯＫラインを上げることを急いではいけない」

↓いつかは達成するかもしれないけれど、時間がかかるということ？


「ＯＫラインは自分が確実にできることに設定すること」

「高すぎるＯＫラインはＮＧ」

「身の丈を超えたＯＫラインを設定してはいけない」

↓無謀な夢を追いかけてはいけないってこと？

もしかしたら、そんなふうに感じている方もいらっしゃるかもしれませんが、それはどちらも違います。

目標達成に必要以上に時間はかかりません。

大きな夢だって実現させることは可能です。

それはなぜでしょうか。

たとえば、５キロマラソンの最高タイムが30分という子がいたとします。

その子が属しているチーム全員に５キロを25分で走る、という目標が与えられたとしましょう。

やみくもに25分を切ることを目指しても、30分が最高記録の子にとって、それは決して簡単なことではありません。

かなりがんばって28分で走っても、目標に届きません。次の日、もっとがんばって走って27分になったとしても、やっぱり目標はクリアできない。凹んだ気持ちのまま翌日走ったら、またしても27分。やはり目標には届きません。

こうなると、「できない」という自己否定の気持ちばかりが積み重なっていきます。

「できない」という気持ちを抱えたまま走るので、体も重くて、翌日の記録は28分。もうこうなると緊張の糸も切れはじめ、「やっぱり自分には無理だ」「目標なんてかなうはずがない」などと考えるようになるかもしれません。

一方、自分の実力を踏まえ、まず29分というOKラインを設定した場合はどうでしょうか？

もし28分で走ることができれば「よし、できた！」という達成感をさらに強く感じるはずです。目標までにはまだ3分もありますが、少なくとも自分にOKを出すことはできます。まわりの友だちは25分を切っていたとしても、今の実力からすれば、自分はこれでOKなんだと割り切ることができます。

もしも、本来の目標、まわりの目標よりも低いレベルにOKラインを設定することで、コーチや友だちに何か言われるのが嫌なら、あえて公言する必要はありません。自分の心の中でだけ、自分にとってのOKラインを意識していればいいのです。

そこで、「できた！」という感覚が得られれば、「今日は28分で走れたし、最後の1

キロをもうちょっとがんばればもっと縮められるかもしれない。だから、明日のＯＫラインは27分にしてみよう」という意欲もわいてくるでしょう。

もちろん、「今の実力だとやっぱり28分がギリギリだから、明日のＯＫラインはそのまま28分のままにしておこう」ととりあえず現状維持という選択もできます。２回、３回と成功体験を重ね、「できた感」を十分味わった後に、ＯＫラインを上げればいいのです。

そうやって、次は27分、次は26分と少しずつ、ＯＫラインを上げていけば、結果として思ったより早くに25分という目標が達成されることも十分あり得ます。

この両者の違いはなんでしょうか？

それは、**目標に対して「自信」というエンジンをもっているか、そうでないかの違いです。**

この「自信」というエンジンをもたらすのがＯＫラインなのです。

「自信」というエンジンがあれば、目標達成まで必要以上に時間はかかりません。そして大きな夢を実現させることも可能なのです。

現実に向き合う力が夢をかなえる

本番で力を発揮するためには、そこでわいてきたマイナスの感情をしっかりと受け止めることが大事だという話をしました。

目標を達成するために大事なのも、それと同じ。

現実の自分の姿をきちんと受け入れることです。

僕のトレーナーとしての経験で実感しているのは、「自信がない人ほど現実を受け止めていない」ということです。そしてそういう人は、できない自分と向き合わなくてすむように、あえて高い目標を掲げる傾向があります。

それは子どもも同じ。

つまり、**自信がない子ほど、高い目標を掲げてしまうのです。**

たとえば、今のチームでは試合に出してもらうことさえできていないにもかかわらず、「絶対にプロサッカー選手になる」と言い続ける子。もちろん、それが本当の目標なら、それを達成するために、その意志の強さは絶対に必要な要素のひとつです。

ただ、なかには「試合に出られない（実力が足りない）」という現実を認めたくないがために、「一生懸命がんばってるからＯＫ」と自分が傷つかないように、高すぎる「目標」を掲げてしまっている場合があります。

そういう思考の子が、本当にプロのサッカー選手になれる可能性は高くないと、僕は感じています。

その理由は、現時点で試合に出られていない状況だからとか、その程度の才能しかないから、ではありません。現実と向き合う力が欠けているからです。

つまり、「試合にも出られない自分」という現実に向き合うことをせずに、プロを目指してがんばっている自分にＯＫを与えているのです。

プロになるという高い目標なら、たとえかなわなくても「自分はがんばっている」という「結果ではないもの」で自分を守ることができます。まわりの人からもがんばってるね、志が高くていいね、とほめられることもあるでしょう。

ただし、がんばっていることをいくらほめられても、がんばっていることにどれだけOKを与えても、感じられるのは一時的な満足感だけ。

これでは、本当の自信は生まれません。

本当の自信というのは、あくまでも「できた！」という結果がついてくるものです。

もちろん、まだリアリティはなくても、「プロになりたい」という大きな「夢」や「目標」をもつことは素晴らしいことです。

でも、だからこそ大事なのは、**「試合に出られない」という現実の自分の姿を受け入れ、自分のレベルに応じたＯＫラインをひとつひとつクリアして、本当の自信を育てていくことなのです。**

そうやって得た本当の自信を積み上げていけば、「プロになる」という夢もやがて、リアリティのある「目標」になります。

そうしたらまた、それに向かって、目の前にある自分の課題をひとつひとつクリアしていけばいい。

大きな夢をかなえるために必要なのは、自分の可能性を都合よく妄想することではありません。

自分の本当の姿・実力から目をそらさずに現実と向き合い、夢に向かうために今やるべきことを知って、行動に移すことです。

目標とは、向上心をもつことで、自分を向上させ人生を変えていくために掲げるものです。

そして現実を受け入れ、現実を変えていくもの。それが「ＯＫライン」なのです。

ＯＫラインを実践して得た自信をもとに、目標を達成し、人生を変える力を身につけていきましょう。

ＯＫラインが目標と現実のギャップを埋める

「現実と向き合う」というのは、言葉で言うのは簡単ですが、大人にとっても子どもにとっても、厳しいテーマです。

サッカー選手になりたいという夢があるのに、現実の自分はチームの試合にも出られない。当然、今の自分に自信なんてあるはずもありません。

でも、「それを認めてしまうと、もう夢を目指せなくなってしまいそうで怖い」と心のなかで思っているのです。

自信がないからこそ、現実に向き合えない→現実に向き合わないから自信がつかない→自信がないから……。

つまり、自信がない子というのは、こういう悪循環に陥っています。

これを断ち切るのも、結局は「自信」なのです。

現実と向き合えない最大の理由は、自分の「現実」と「目標」や「理想」とのギャップが大きすぎるから。

つまり、試合にも出られない子が現実から逃げてしまうのは、「レギュラーとして試合に出てたくさん点をとる」という自分の理想の姿と、今の自分の姿とのギャップが大きすぎるからなのです。これを実現することなんて、それこそ、10段抜かしで階段を駆け上がるくらいにあり得ないことでしょう。

だったら、「現実」と「目標」「理想」のギャップを埋めていけばいい。

つまり、現実の自分に少しずつＯＫをあげていけばいいのです。

「目標」「正確な実力の把握」「ＯＫライン」この３つがいいバランスに設定できているときにこそ、自信は生まれるのです。

目の前の現実を変えるには、まず今の自分が「できていること」「できていないこと」を整理する必要があります。

「できていること」「できていないこと」の線引きは甘すぎても、厳しすぎてもよくないので、お父さんやお母さんからの客観的なアドバイスは欠かせないと思います。今何ができていて、何ができていないのかを、じっくりお子さんと話しながら、ノートに書き出していくといいでしょう。

目標を達成するために必要なのは、「できていないこと」を「できること」にしていくこと。そしてそのためにＯＫラインを設定するのです。

つまり、「できていないこと」ができるようになるには、今の自分ができそうなことをＯＫラインとして設定し、それをひとつひとつクリアしていけばいいのです。

ひとつひとつ自分のできそうなことにチャレンジし、「できた！」という自己肯定感を味わっていくうちに、少しずつ現実の自分に対する自信が生まれてきます。

すると、現実の自分によりしっかりと向き合えるようになり、自分に何が欠けているのか、次は何をすればいいのか、を常に考えるくせがつきます。

そうして、「できないこと」が少しずつ「できること」に変わっていき、確実にレベルアップできるのです。

もちろん、「試合に出てゴールを決める！」などと、いきなりラインを上げてはいけません。ひとつひとつは小さくても確実な自信の積み重ねが、大きな目標達成の強力なエンジンになるのです。

恐れることなく、自分の本当の姿や実力を受け入れて、「今できていないこと」を知ることでこそ、「できないこと」が「できること」になっていくのです。漠然と「できてない」と感じているだけでは、いくら大きな目標があっても前に進むことができません。何が「できていないか」がはっきりしたことでむしろやる気になった、という子も多いのです。

大事なのは、小さなステップを目一杯喜ぶこと。


お父さんやお母さんも、お子さんが小さな成功体験から得る「できた感」をたっぷり味わえるように、「すごいね！」「やったね！」とたっぷり励ましてあげてください。

「できた感」を共有してくれる人がいるというのは、お子さんにとって、何よりの励みになるはずです。

予測する力を鍛えるワーク

初めてのことにチャレンジ

今までやったことのないことに対しての予測力をつくるワークです。

初めてのことに対して自分を過少評価する人もいれば、過大評価する人もいます。

現実とのギャップをなるべくなくすことで、これから先にどんなことが起きそうかなどの予測力もつきます。

そのギャップをなくすことで、初めてのことに対する不安なども少なくなり、行動も起こしやすくなります。

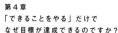

たとえば、初めてボーリングをするときに、

・自分がどのくらいの結果を出せるかを予測する
・ゲームをしているなかで、どんなことが起こりそうかを5つ書き出す
・結果と自分の予測の差を知る

このワークは、思い込みの自分ではなく、リアルな自分を知るきっかけにもなります。

「がんばった自分」に甘えてはいけない

自分で決めたOKラインをクリアすること。それは、つまり「結果を出す」ということです。

たとえば、「5キロマラソンで27分を切る」というOKラインを決めたなら、27分を切るという結果が出るからこそ、「できた感」が生まれます。

ただ、その一方で、「がんばることが大事」「一生懸命やることが大事」という考え方もあります。

世の中の子育て本を見ても、「できたできないの結果より、過程を評価するほうが大事」だと書いてあるものもあります。むしろ、そのほうが主流かもしれません。

でも、僕は、その考えには賛成できません。

あくまでも結果を出せたかどうか、達成できたかどうかで評価すべきだと思っています。

なぜなら、「がんばったから偉い」「一生懸命やれたからそれでいい」というふうに、結果が伴わなくてもほめられることに慣れてしまうと、努力をほめてもらうことで満足感を得てしまうようになる可能性があるからです。

すると、そのうち、「一生懸命がんばったのだから結果が出なくても仕方ない」というふうに、いつの間にかOKラインをクリアできていなくても、「がんばった自分」にOKを出すようになってしまいます。

でも、これでは本当の自信は育ちません。

だから、本番で実力を発揮できる力も育たないのです。

ＯＫを出してよいのは、あくまでも「がんばった結果、自分のＯＫラインをクリアした自分」だけです。

こう言うと、努力したことを評価しないのはかわいそうだと思うかもしれません。

でも、そもそもＯＫラインというのは、「自分が確実にできること」に設定するものです。つまり、努力したのに届かない、ということは、ＯＫラインのレベルが高すぎる、ということではありませんか？

だったら、「がんばれば、クリアできる」レベルにＯＫラインを設定し直せばいいのです。

そのレベルは低くてもいい。

大事なのは、それをクリアすることで得られる、「できた！」という達成感です。

「がんばった」という過程ではなく、この「できた！」を積み上げることでこそ、本当の自信というものが育っていくのです。

「やる気」は「好きなもの」に対してわいてくるもの

ＯＫラインをひとつひとつクリアすることで得られる自信も、結局のところ、そこにつながっていくのですが、目標達成のためには、それに向かって「行動を起こす力」、いわゆる「やる気」が必要です。

なんとかして、子どもに「やる気」をもたせたい、という相談はとても多いのですが、やりたくないと思っているものに対して「やる気」を起こさせることはものすごく難しいことです。

たとえば、第3章で紹介したＦさんの場合も、「学校へ行く」という目標はあったものの、その行動を後押しする「理由」に欠けていました。

なぜなら、Ｆさんにとって「友だちに会える」というのはもはや恐怖でしかなく、とりたてて勉強が好きというわけでもないので、「学校に行く」ことのメリットは何もない、だからこそ「行きたくない」という状態だったわけです。

そうなると、学校は「行きたいから行く」ところではなく、「行かなくてはいけないから行く」ところでしかありません。そこにあるのは義務感だけです。

お母さんは、「行かなきゃダメよ」とFさんに言い続けていたようですが、まさに、押しつけられた義務に対してやる気を起こさせようと必死になっていたのです。

そんなとき、役に立つアプローチは、本人が好きだと感じているものだったり、一番大切にしていることと、義務＝「やらなくてはいけないこと」を結びつけることです。

実は、Fさんは地元のバレーボールチームに所属していて、間近に迫っていた合宿をとても楽しみにしていました。

ただ、もう2週間も学校に行っていないFさんに、お母さんは、

「学校に行かないなら、合宿にも行かせない」

と宣言していたようです。

合宿に行けないというのは、Fさんにとっては一大事。Fさんもこのままでは合宿に行けなくなると焦っていました。

そこでトレーナーは、「合宿に行くために、学校に行く」と考えることをFさんに提案したのです。

つまり、Fさんが「3時間目から学校に行く」というOKラインにチャレンジして、見事クリアできたのは、学校に行くのが「怖い」という気持ちより強い、「合宿に行きたい」という気持ちがあったのも大きかったのだと思います。

「やらなくちゃいけない」を「やりたい」に変えるコツ

たとえば、「勉強」というのは、多くの子どもにとって義務でしかありません。
もちろんある程度の年齢になれば、たとえば「将来のために」という動機は生まれるでしょうが、小学生くらいの子は、それが行動を起こすほどの動機にはなりにくいのです。

簡単にいえば、いくら親が「将来のために必要」だと口をすっぱくして言ったとしても「やる気」は起こせないということ。

そういう場合も、何かその子が大事にしていること、好きなこととうまく結びつけてあげるとよいと思います。

サッカーのジュニアユースのチームには、「成績が落ちたら1週間練習禁止」というルールをつくっているところも多いのですが、これも子どもたちの「サッカーがしたい」という気持ちを、勉強に対する「やる気」につなげるためです。つまり、子どもたちは、「サッカーがしたい」からこそ、「勉強しよう」という気になるのです。

「関東大会出場」をまわりから期待されていたフィギュアスケート選手の女の子のやる気に火をつけたのも、「関東大会出場を勝ち取るとアイスショーに出られる」という特典でした。

まだ小学5年生だった彼女にとって、「関東大会出場」といういわば名誉を勝ち取る、ということはあまりピンとくるものではなかったのでしょう。でも、普段と違う衣装を着て、点数を競うのではなく、観客を楽しませるアイスショーという舞台に立てるということには純粋にワクワクすることができた、というわけです。

実は、男の子の場合は、「女の子にモテる」というフレーズも非常に有効です。どんなにカッコつけていても、何歳になっても、パートナーを見つけるまでは、女の子にモテるというのは大きなテーマ。

一流のアスリートでも、「女の子にモテたくてがんばった」という人はとても多いのです。

だからたとえば、「女の子にモテるためには勉強ができたほうがいい」ということを感じさせれば、勉強に対する「やる気」がアップする可能性はとても高いでしょう。

しかも、女の子にモテたいという気持ちは一時的なテンションで終わらず、長期的なやる気＝モチベーションにもなり得ます。

女の子の場合は、「誰かを喜ばせるために」という気持ちが強いので、たとえば、「お父さんやお母さんを喜ばすために」とか「大好きなおばあちゃんに喜んでもらうために」という気持ちが、やる気につながることが多いように思います。

また、特に子どもは、長期的な目標よりも、目の前の目標のほうが、やる気をもちやすいという傾向があります。

たとえば、中学受験などに対する「やる気」を起こすには、「高校受験をしなくてすむ」とか「その後の大学進学のときに有利」という先の話をするより、「可愛い制服が着られる」とか「修学旅行で○○に行ける」という、すぐ近くにあるメリットを意識させるほうが、やる気につながりやすいと思います。

事例

目標を達成した後に、向かう先を見失ってしまった

高校2年生のI君は、ラグビー部に所属しています。

県内でも有数のラグビー強豪校で、部員数は100名を超え、部内でもAチームからEチームまで5つのレベルに分かれているのですが、公式戦に出られるのはAチームだけ。だからB～Eチームのメンバーは、ひとつでも上のチームに上がるために毎日必死で練習しているそうです。

Bチームにいる I 君が掲げているのも、もちろん、「Aチームに入る」という目標です。

「Aチーム入りしたい！」という目標に向け、I 君は、自分で決めたOKラインをひとつひとつ順調にクリアし、どんどん自信を積み上げていました。

自信を深めるにつれ、以前よりプレーも積極的になり、仲間に対するリーダーシップも発揮できるようになって、コーチの評価もうなぎ上り。

そして、ある日の練習試合、突然、Aチームのほうに入って試合に参加するよう、コーチから声をかけられました。ついに努力が実を結んだのです。

ところが、せっかく参加したAチームの試合では、あまりいいパフォーマンスが発揮できず、I 君は再びBチームに戻されてしまいました。

Bチームで戦うときより、戦う相手が強かったから、ということを差し引いても、I 君の持ち味だった積極性が全く発揮できていなかったと、コーチからも注意されたそうです。

「Aチームの試合はどうだった？」

「うーん、メンバー発表のときはすごく緊張していた気がします」

「それは、何に対する緊張なのかな?」

「Aチームのメンバーに選ばれるかどうか、です。メンバー発表のときはいつも緊張します」

「そりゃそうだよね。そこを目指してやってるんだから。それで、実際に選ばれたときはどんな気持ちだった?」

「それはやっぱりうれしかったです。やっとここまできた、みたいな」

「そうだよね、うれしいよね。そのとき、Aチームでの試合に出たら自分は何ができるかって考えた?」

「実は、それを考える余裕がなくて。僕のイメージだと、あと1ヶ月後くらいに出られるかもって期待はしていたけど、まさかその日に選ばれると思ってなかったので……。もちろん、がんばろう!とは思ったんですが」

「何をがんばろうと思ったのかな?」

「何をっていうより、なんかただ、とにかくがんばろうって感じだったような気がします。Bチームでやるときは、いつもOKラインを意識していたけど、そのときは意識するものがなかったかも」

「なるほど。目標をもたずに試合に入ってしまった感じかな？」

「はい……。あのときは、自分の目標を達成して、やっぱりすごいホッとしちゃっていたというか……」


おそらく、Aチームの試合に出ていたときのA君は、ずっと追いかけてきた目標を達成したことの安堵感でいっぱいになっていたのでしょう。それは、Aチームに入るというのがI君にとって本当に大きな目標だった、という証拠でもあります。

目標を達成したときに、その喜びをちゃんと味わうことは、もちろんとても大切なこと。なぜなら、それが次への自信になるからです。

でも、そこに「次」がなかったら……。

I君の場合も、「Aチームに入る」という目標の「次」が用意されていなかったために、向かうものを失い、そのせいで、エネルギッシュに動くことができなくなっていたのだと思います。


そこでI君には、再びAチームに上がるという目標のために必要なOKラインと、さらにその目標が達成された先の次の目標について考えてもらうことにしました。

I君が出した次の目標は、「Aチームのなかでも、目立つプレイができるような選手になる!」というもの。さらに、その目標を達成するための最初のOKラインも設定しておくようアドバイスしました。

そして、後日。再びAチームでの試合に出場するチャンスを得たI君は、あらかじめ設定しておいたOKラインを意識して試合に臨んだそうです。

すると、前回とは比べものにならないほどの積極的なプレイで勝利に貢献。ガツガツとタックルに挑み、リーダーシップも発揮して、Aチームのなかでも、パフォーマンスのよさが際立つはたらきだったようです。

そのチャンスを生かしたI君は、その後Aチームに定着しました。

でも、慢心は一切ありません。

なぜなら、「Aチームで目立つ選手になる」という次の目標に挑んでいるからです。

目標達成後のイメージも固めておこう

がむしゃらに目指してきた目標を達成した瞬間から、行動が消極的になってしまうというのは、実は中学生や高校生によくあるケースです。極端な場合は、やる気そのものを失ってしまい、いわゆる「燃え尽き症候群」に陥ることもあります。

それを防ぐためには、目標の達成が近づいてきたら、それがかなった先にある次の目標も考えておくことです。

ただ、すでにお話ししたように、子どもは特に、目の前にある目標で精一杯になってしまいがち。

それでも、感情が強く動く対象に対しては、積極的になれるものなので、「目の前の目標がかなった後に、何にワクワクしたいのか」ということについて、普段から話しておくほうがいいと思います。

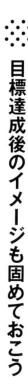

目標をかなえることが目標になってしまっては、意味がありません。せっかく目指していたレギュラーになれたのに、よいパフォーマンスが発揮できない、せっかく志望校に合格できたのに、勉強に身が入らない……そんなことにならないためにも、ぜひ、身近なお父さんやお母さんのアドバイスで、その先の自分、つまり目標がかなった先のイメージも固めておきましょう。

第5章

本番に強い子に育てるために、親ができることは何ですか？

お子さんに
たくさんのOKを
あげることです

事例

行動が感情にコントロールされてしまう

小さい頃から柔道に取り組んでいるJさんは、小学3年生の女の子。お母さんによると「極度の緊張症」で、試合ではいつも緊張のあまり泣いてしまい、ときには試合のコートに上がれないことさえあるのだとか。

Jさんの場合、「緊張に慣れる」ことが大事だったので、第2章のD君のエピソードでも紹介した「自己紹介のワーク」に取り組んでもらうことになりました。

ワークの内容を伝えるとJさんは、「緊張するから嫌だ!」とやはり泣き出してしまいました。今日は名前を言うだけでいいよ、ということにして、ドアの向こうでスタンバイしてもらうまではなんとか行けたのですが、泣き声が聞こえるだけで、ドアが開く気配は一向にありません。

30分が経過したあと、同席していたお母さんが「とりあえず、今日はもうこれで結構です」と言い出しました。

そこにあったのは、トレーナーに対する「申し訳ない」という気遣いと、Jさんに対する「こんなつらいことをさせてかわいそう」という気持ちだったと思います。聞けば試合でも、緊張したJさんが泣いてしまうと、お母さんはまわりの目を気にして、すぐに「もうやめていいよ」と助け船を出してしまっていたようです。また、泣きながらなんとかコートに立てることはあっても、最初から試合をあきらめているので、これまで勝った経験はないのだそう。

つまり、Jさんは、泣けば緊張から逃げられることを知っていました。だから泣くことで嫌な緊張から逃げる、ということを繰り返していたのでしょう。

けれども、今日はトレーニングです。トレーナーはそんなお母さんを制して、Jさんに、「行けるって思えるまで、ずっと泣いてていいよ。ずっと待つよ」と声をかけました。

すると、むしろ大きくなった泣き声で、Jさんはさらに泣き続けました。

お母さんを見ると、「やはり、そろそろ……」と再び切り出すタイミングをうかがっている様子が感じられましたが、そのうちに少しずつ泣き声が小さくなり、そしてしばらくすると静かにドアが開いたのです。

そこにいたのは、泣きはらした目のJさん。トレーニングを開始してからすでに45分が過ぎていました。

ただ、ドアを開けて、トレーナーの姿を見ると、またJさんは泣き出してしまいました。そこでまた、「泣いていいから、自分が行けると思ったら入ってきてね」と声をかけました。

さらに待つこと20分、Jさんはついに覚悟を決め、一歩、また一歩とゆっくり部屋の中に入ってきました。そして、トレーニング開始から1時間以上が経過するなか、「椅子の上に立つ」というところまでやってきました。そして大きく息を吐いて、ついに、自分の名前を口にしたのです。それは本当に蚊の泣くような小さな声でしたが、**Jさんにとってそれは、初めて「自ら緊張に挑む」ことを経験した瞬間だったのです。**

このトレーニングでは、Jさんは1時間以上ずっと緊張している自分に向き合いました。それは、想像以上につらくて苦しいことだったと思います。でも、Jさんは、「それでも、やれた!」という経験をしました。

次の試合、Ｊさんは試合の1時間以上前に会場に入りました。

会場に着いた瞬間、Ｊさんはやはり緊張して泣きはじめたそうです。

でも、その1時間後。Ｊさんは泣きやんで、意を決した表情でコートに向かい、対戦相手に「よろしくお願いします！」と挨拶をしました。泣かずに挨拶ができたのは、これが初めてだったそうです。

残念ながら試合には負けてしまいましたが、Ｊさんは最後まで一度も泣かずに戦いました。

もちろん、緊張していなかったわけではありません。緊張していても、「できた！」のです。

これは、「1時間泣いた後に自己紹介ができた！」というトレーニングの成果。つまり、Ｊさんの背中を押したのは「緊張していても、1時間泣けば、私はできる」という成功体験なのです。

その後も、Ｊさんは1時間前に会場に入り、しっかり自分の緊張を味わってから試合に臨む、ということを繰り返しました。

そうして緊張に慣れていくうちに、泣いている時間が50分、45分、30分と、どんどん短くなっていきました。そして、だんだん泣かなくても緊張に向き合えるようになるまで成長したのです。

心の準備が上手にできるようになるにつれて、試合でも本来の力を発揮することができるようになりました。

それでもやっぱり緊張する、とJさんは言います。**けれども、今のJさんにとって、緊張はもう「無理やり味わわされるもの」ではなく、「自らに挑むもの」**。

このような「自ら緊張に挑む」ことの成長体験を重ねながら、Jさんは「緊張していてもできる」という自信を少しずつ深めているそうです。

感情の経験値が低い子どもたち

いわゆる「本番に弱い子」に共通するのは、「感情の経験値」がとても低いということです。

感情の経験値というのは、「その感情を味わいながら行動を起こす」経験によって磨かれます。

けれども、たとえばかつてのJさんのように、「泣く」という手段で「緊張」から逃げ続けていては、その経験値を上げることはできません。

また、「怖い」「悔しい」「悲しい」といったマイナスの感情をなるべく味わわないように周囲がその環境を整えすぎている場合も、「怖い」「悔しい」「悲しい」の経験値は上がりません。

それにくわえて、日本は選択肢が（よくも悪くも）たくさんある国なので、うまくいかない場合はさっさと見切りをつけて路線変更するという事情も少なからず関係しているかもしれません。

また、「怖い」とか「苦しい」をあえて経験するような、山登りとかキャンプなどをする機会も以前より減っている気がします。

いずれにしろ、本番で実力を発揮できない根本的な原因は、結局のところ、このようなマイナスの感情の経験値の低さにあります。

本番で「緊張」とか「怖い」といったマイナスの感情がわいた瞬間に、その感情のまま行動を起こす、という経験を積んでいないために、「できない」とすぐにあきらめてしまったり、逆にその感情を完全に打ち消そうとして、結局実力が発揮できなくなってしまうのです。

お父さんやお母さんに心がけていただきたいのは、マイナスの感情を味わう機会をお子さんから必要以上に奪わないでほしいということです。お子さんがマイナスの感情に押しつぶされそうになっていたら、そこからただ逃げるのではなく、どんなに小さなことでもいいので、まず一歩を踏み出すことをぜひ後押ししてあげてください。その一歩がまさにOKラインなのです。

「緊張するからやりたくない」「怖いからやりたくない」というのは、ある意味当然のことです。でも、こうやって感情と行動を一致させているうちは、いつ、どれくらいわいてくるのか予想できないやっかいな「感情」というものに、いつも行動がコントロールされてしまいます。

感情にコントロールされずに、行動が起こせる力を育てること。これがまさしく「本番に強い子」を育てるということなのです。

お子さんのありのままの姿にOKを

私はさまざまなアスリートやビジネスマン、そして子どもたちのメンタルサポートに携わっていますが、初対面の人と話すときや人前に出るときは、とても緊張します。小さい頃から気が弱い性格でしたが、今でも自分のメンタルは、一般的な視点で見たら、弱いほうの部類に入るのは間違いないと思っています。

それでも、本番で自分の力を発揮することはできるし、結果も出せる。そういう自信はもっています。

その自信がもてるようになった第一歩は、**「気が弱い自分」**や**「人前で緊張する自分」が本当の自分の姿なのだ**ということに気がついたことです。

弱い自分を素直に受け入れた、といってもいいでしょう。

自分を否定するのはやめよう。無理に自分を変えようとするのもやめよう。ありのままの自分のまま、自分にできることからやっていけばいい。

そう考えて、毎日の小さい「できた！」に自分でＯＫをあげることを積み重ねていったことで、「気が弱い自分でもできる」という自信がつきました。

そしてそれは、「そんなはずはない、自分はもっとできるはずだ」と信じて、がむしゃらに夢を追いかけていた頃の私が欲しくて欲しくて、でもどうしても得られなかったものでした。

「もっと子どもに自信をもたせたい」とおっしゃる親御さんほど、ありのままのお子さんの姿にＯＫをあげられていません。

「もっと強い気持ちがもてる子に」

「人前で緊張するなんてダメな子だ」

「いつも弱気だからうまくいかない」……

多くの親御さんは、我が子の「ダメなところ探し」ばかりをしています。しかも、その「ダメ」か「ダメじゃない」は世の中基準で決めています。その子以外に基準があると、その子なりの成長に気づいてあげることができなくなります。

たとえば、5キロマラソンで25分を切ることができない、という部分にばかり意識しているせいで、30分から29分になった小さな成長を心からほめてあげることができなくなります。そして、「なぜ25分を切ることができないのか」という原因探しばかりをしているのです。

いくらできない原因を探しても、それは自信にはつながりません。そこに頭を悩ませるなら、25分という目標に向けて、「できた！」という自己肯定感をどうやって積ませていけばよいのかを考えるべきだと思います。

お子さんに自信をつけさせる第一歩。それは、**お子さんのありのままの姿をありのままに受け止めることです。**

そして、今できていること、昨日より、できるようになったことにたくさんのOKをあげてください。

子どもをほめるワーク1

「ほめたこと」リストづくり

その日に子どもをほめたことをできるだけ具体的にたくさん書き出します。

たとえば、

・テストの点がよかったから「すごいじゃない！」とほめた。

・部活のためのトレーニングを家でもしていたから「がんばってるじゃない、偉いね」とほめた……。

そしてその「ほめた」ことに対して、子ども自身はどう思っているのかを想像して書き出してみましょう。

・テストでいい点をとればほめてもらえる。

・好きなトレーニングをずっとやっているとほめてもらえる。

やってみると、実は、子どもが得意としていることばかりをほめていることに気づく場合があります。

得意なことをほめることももちろん大切なことですが、得意なものはそもそも自分でもすでに自信をもっていることも多く、他人の力を借りなくても、自己肯定感をもちやすいものです。

逆に、苦手なものはほめられることが少ないので、自己否定につながりがち。ですから、苦手なもののなかで、できていることを探し出してほめてあげられるかが、子どもの自己肯定感のベースをつくるのに重要なポイントとなります。

つまり、子どもが苦手意識をもっているものを意識的にほめるようにすることで、苦手なことに対しても自己肯定感をもてるようになるきっかけをつくることができるのです。

子どもをほめるワーク2

20分親子マラソン

普段、どれだけ自分の言いたいことを子どもに言っているかを実感できるワークです。

・子どもが先頭を走る
・子どもがジョギングする道を決める
・子どもが親を引っ張って走る
・子どもをはげまさない
（「がんばって、あと少しだよ」「遅いぞ〜！」などなど、親が子どもになんとなく言ってしまう言葉は全て禁止）
・歩くことは禁止

口を出すことは禁止ですが、ジョギングをしている20分間で、子どもをほめる箇所をできるだけ多く見つけてみてください。

そして、走り終わった後に、子どもにそれを伝えましょう。

対話のコツは、共感しながら聞く姿勢

ありのままの姿を受け入れているつもりでも、「うちの子はこんな子だ」と親御さんが思い込んでいたり、決めつけていたりするケースも決して珍しくありません。

お子さんの本当の姿を知るためには、大切なのはやはり対話です。

改まって話をするのは難しいかもしれませんが、日々の会話に対する意識を変えるだけでも、お子さんは本音を話しやすくなると思います。

特に心がけていただきたいのは、子どもの気持ちを正確に知り、共感しながら聞くことです。自分に共感してくれている、つまり、自分の感情を共有してくれていると感じると、人は相手に心を開きやすくなるのです。

「3時間目から学校に行く」というOKラインで不登校を克服したF君も、「学校をサボった自分」に対して、強い罪悪感を感じていました。そこで、担当したトレーナーは、「私ね、チームの練習を1週間くらいサボったことあるよ。しかもね、高校生になってからだよ。ヤバいよね」と切り出しました。そして、「で、どうしたの？」というF君の質問には、「ヤバいなあと思ったけど、とりあえず行ってみたよ。すごい怖かったけど」と返したのです。

学校に向かおうとするとき、お母さんから「大丈夫？」と声をかけられ、「怖いけど、仕方ないから行く」と答えたF君ですが、後で聞いた話では、「だって、あの人（トレーナー）も怖かったけど行った、って言ってたし」と自分に言い聞かせていたのだそうです。

マイナスの感情をもつと、人はその感情をもった自分自身を責め、そしてその感情を押し殺そうとします。けれども、その感情を理解してくれる人に出会うと、安心してそれを吐き出すことができるようになります。

「その気持ちわかるよ」

「お父さんにも、お母さんにも、経験あるよ」

ぜひ、そういう共感のセリフや姿勢を心がけてみてください。

親の反応が子どもの自己肯定感の基準になる

子どもの自信を育てるのに、親御さんのかかわりは重大な肝になります。

なぜだと思いますか？

それは、子どもにとっては他の誰でもない、親の反応こそが、自己肯定感の基準になるからです。


一生懸命描いた絵を誰にもほめられなかったのに、家に持ち帰ったら、お父さんがすごくほめてくれて自信がついたり、テストの点数が友だちより低くて落ち込んでいたら、「でも前よりいい点数がとれたね」とお母さんがほめてくれて安心したという経験は、子どもの頃のみなさんにもあったのではないでしょうか。

友だちからバカにされたり、先生からあまりほめられなくて悔しい思いをしたことでも、お父さんやお母さんがたくさんほめてくれれば、「自分はこれでいいんだ」という自己肯定感を得ることができます。

逆に、どんなに先生やコーチなどの第三者にほめてもらっていい気分になっていても、お父さんやお母さんから「これじゃあ、ダメだ」「全然できてないじゃない」と言われてしまうと、子どもは一気に自己否定に転じてしまいます。

つまり、それくらいお父さんやお母さんの言葉や態度はお子さんの自信に大きな影響を及ぼすのです。

すなわち、子どもの自信を育てられるかどうかは、お父さんやお母さんがお子さんにどれだけOKをあげられるかにかかっていると言っても過言ではありません。


どうか、お父さんやお母さんから、たとえ小さいことでも、お子さんにたくさんのOKをあげてください。

子ども自身が「できないこと」ばかりに意識が向きがちであるならなおさら、お父さんやお母さんは、「できたこと」「できるようになったこと」にいつも注目してあげるようにしてください。

そういうお父さんお母さんのかかわりが、お子さんの自己肯定感を育てるのです。

自分にOKがあげられる親になろう!

実はたくさんの親御さんとお話ししていて感じるのは、そもそも自分自身にOKをあげられていない方がとても多いということです。

そしてそういう方ほど、お子さんにとても高いOKラインを背負わせようとしている傾向があるように思います。

事例

わが子についストイックな要求をしてしまう

いつも自信がなくて、大事な試合でいつも萎縮してしまうという悩みを抱えた野球少年のK君は、お父さんと一緒に相談に来てくれました。

K君にとってお父さんはよきアドバイザー。

でもいつも厳しくて、「あれができてない」「これができないようじゃお前はダメだ」と常に発破をかけられていたようです。「ほめられたことはあまりない」と少し不満ももらしていました。

そこで、「OKラインを設定して、K君のできることからやっていきましょう」とアドバイスしたのですが、お父さんがどうしてもOKラインを下げられないのです。お話を聞くと、ラインを下げたら、このままこの子はダメになってしまうという不安にさいなまれているようでした。

そして、話をしているうちに、お父さん自身が自分にOKをあげられていない状況であることがわかりました。

お父さんも野球経験者だというのは聞いていたのですが、その話になると「もう昔のことなので……」とわざと話をそらしてしまうのです。

実はお父さんは、野球が大好きだったのに途中で挫折してしまった経験があり、そのことに強いコンプレックスを感じているようでした。

今は仕事にも成功しているし、昔のことなど関係ない。お父さんはそう考えて、過去のつらい経験に完全にフタをしようとしていました。

けれども、コンプレックスに向き合うことを避けているうちは、自分にOKをあげることはできません。自分の傷ついた感情に見て見ぬふりをするのではなく、きちんと受け止めなければ、前に進むことはできないのです。

お父さんは、そのときのつらかった気持ちを少しずつ語りはじめました。そして、その気持ちを吐き出せなかったモヤモヤが、我が子についストイックな要求をしてしまう原因だったということに気づいたのです。

その後、そのお父さんは、自ら草野球のチームに参加することにしたそうです。コンプレックスを吐き出したことで、止まっていた時計がもう一度進み始めた気がするとおっしゃっていました。

今の自分にＯＫが出せるようになったお父さんは、自分自身の小さなＯＫラインをひとつひとつクリアしていくことで、コンプレックスばかりだった野球を楽しんでできるようになっていったようです。もちろん、Ｋ君にも無理なＯＫラインを強いることはなくなりました。

「子どもにイライラすることがなくなったら、なんだか子どもも生き生きしはじめて。先日は大事な試合で逆転ホームランを打ったらしいですよ。自分も負けられませんね」

お父さんやお母さんが、できないことも含めて今の自分を認め、小さな「できた」にＯＫをあげること。その姿を見せることが、お子さんの自信を育てることにつながることは間違いありません。

さあ、お父さんやお母さんも、お子さんと一緒にトレーニングを開始してください。

おわりに

「できた！」という成功体験を積み重ねると、自己肯定感が得られます。

逆に、「できない」ことが続いて何が生まれるかといえば、それは自己否定。いうなれば、「自分はやっぱりダメだ」「自分には無理だ」という気持ち。これがいわゆるコンプレックスです。

思えば、僕の人生はコンプレックスとの戦いでした。

小学生の頃、僕は、クラスのいじめられっ子からいじめられる、まさに正真正銘のいじめられっ子でした。

そんな僕が、「サッカーをやりたい！」と思い立ち、本格的にサッカーを始めたのは、中学生になってから。

幸か不幸か、僕が通っていた中学はサッカーの強豪校。

かなり遅いスタートだった僕と、まわりの子との力の差は歴然としていて、「自分はサッカーが下手だ」というコンプレックスは日に日に増していく一方でした。そして、そのコンプレックスが原因でサッカーのうまい子の前で萎縮してしまい、普段の生活でもうまく話すことができませんでした。


少しでもそのコンプレックスを解消したくて、高校生の頃は、学校の部活を終えた後に、所属していたクラブチームの練習をこなし、さらにその後に自主練という毎日。毎日帰宅するのは24時すぎというハードな生活でしたが、自分は「努力の天才」になるしかないんだ、と信じていたのです。

がんばってハードな練習に励んでいると、まわりから「あいつはいつも練習していてすごい」とほめられるようになりました。なかには、僕が目指していたとおり、「努力の天才だ」と評してくれる人もいました。

ほめられればもちろん、悪い気はしません。

そして、そのうちに僕は「がんばって練習していれば、みんなが評価してくれる」

と思うようになりました。

ただし、結果が伴っていたかといえば、決してそうではなく、相変わらず、Bチームのベンチにさえ入れない状態でした。

つまり僕は、サッカーが上達しないという事実を、「プロセスの満足感」でチャラにしていたのです。「努力している」ことを言い訳にして、成果が出せない自分を正当化しようとしていたのかもしれません。

それでも、「あきらめずに信じていれば、夢は絶対にかなう」と考えていた僕は、高校卒業後は、サッカー選手になるという夢をもって、スペインやイタリアに渡って活動しました。努力の甲斐あり、お金をもらってプレーするということも経験できましたが、やればやるほど、まわりと自分との力の差を見せつけられ、コンプレックスは解消されるどころが、むしろどんどん大きくなっていったのです。


このコンプレックスをどうすればなくすことができるのか。

そうして出合ったのが、メンタルトレーニングだったのです。

もちろん最初は、自分のコンプレックスを解消するのが目的でした。

けれども、そうやって自分のコンプレックスにあらためて向き合ったとき、この「メンタル」の分野こそが、自分が自信をもって取り組めるテーマなのではないかと気づいたのです。

とにかくコンプレックスの塊だった僕は、それまでずっと、人の顔色ばかりを見ながら生きてきました。

でも、そのおかげで、相手の顔色や表情、言葉や仕草を観察することが得意になっていたのです。

それに気づいたとき、僕は、自分のコンプレックスを「それも自分だ」と、素直に受け入れられるようになりました。

確かにコンプレックスはやっかいです。

僕のトレーニングが「できた感」にこだわるのも、自己肯定感を得ることで自信を育ててもらうためです。

ただ、だからといって、コンプレックスは完全な「悪」であるとは思っていません。

なぜなら、コンプレックスもまた、行動を起こすための強い動機になるからです。

コンプレックスがあることは、ある意味チャンスなのです。


コンプレックスをもっている自分は、現実です。

その現実に勇気をもってきちんと向き合える子は、そのぶん「なりたい自分」がわかっています。そして、それを克服するための行動、あるいはそれと共存するための行動をきちんと起こせる子どもでもあるといえます。

「できない」というコンプレックスをもったままでも、結果を出すことはできるのです。

そしてそれによって自信を育てていくことで、コンプレックスも薄らいでいきます。


それが、僕がこの本で紹介した「OKラインメンタルトレーニング」なのです。

「強くならなくちゃいけない」「弱いままではいけない」「メンタルを鍛えなくてはいけない」。がんばっている子どもほど、心のなかではそんな葛藤と戦っています。

「できないこと」ばかりを意識するから、いつも自信がないのです。
自信を育てるために大事なのは、小さくてもいいから、「できたこと」に目を向けること。そして「できた！」を感じること。
つまり、自分にたくさんのＯＫをあげることです。

この本を読んでくださったお父さんやお母さんのアドバイスで、たくさんの子どもたちが自信をもって好きなことに取り組んでくれるようになったなら、著者としてこんなにうれしいことはありません。
そしてそれは、僕がずっと願っていた夢でもあります。

最後まで読んでいただき、ありがとうございました。

２０１６年12月

森川陽太郎

本書でご紹介した事例は、本人が特定できないよう一部改変しています。

本番に強い子の育て方

発行日　2016年　12月　25日　第1刷
2020年　2月　19日　第2刷

Author　森川陽太郎

Book Designer　鈴木大輔　江﨑輝海（ソウルデザイン）
Illustrator　田上千晶

Publication　株式会社ディスカヴァー・トゥエンティワン
〒102-0093　東京都千代田区平河町 2-16-1 平河町森タワー 11F
TEL　03-3237-8321（代表）
FAX　03-3237-8323
http://www.d21.co.jp

Publisher　谷口奈緒美
Editor　千葉正幸　　編集協力：熊本りか

Publishing Company
蛯原昇　梅本翔太　古矢薫　青木翔平　岩﨑麻衣　大竹朝子　小木曽礼丈　小田孝文　小山怜那　川島理
木下智尋　越野志絵良　佐竹祐哉　佐藤淳基　佐藤昌幸　直林実咲　橋本莉奈　原典宏　廣内悠理
三角真穂　宮田有利子　渡辺基志　井澤徳子　俵敬子　藤井かおり　藤井多穂子　町田加奈子　丸山香織

Digital Commerce Company
谷口奈緒美　飯田智樹　安永智洋　大山聡子　岡本典子　早水真吾　磯部隆　伊東佑真　倉田華　榊原僚
佐々木玲奈　佐藤サラ圭　庄司知世　杉田彰子　高橋雛乃　辰巳佳衣　谷中卓　中島俊平　西川なつか
野﨑竜海　野中保奈美　林拓馬　林秀樹　牧野類　松石悠　三谷祐一　三輪真也　安永姫菜　中澤泰宏
王廳　倉次みのり　滝口景太郎

Business Solution Company
蛯原昇　志摩晃司　瀧俊樹　藤田浩芳

Business Platform Group
大星多聞　小関勝則　堀部直人　小田木もも　斎藤悠人　山中麻吏　福田章平　伊藤香　葛目美枝子
鈴木洋子　畑野衣見

Company Design Group
松原史与志　井筒浩　井上竜之介　岡村浩明　奥田千晶　田中亜紀　福永友紀　山田諭志　池田望
石光まゆ子　石橋佐知子　川本寛子　宮﨑陽子

Author' s Agency　アップルシード・エージェンシー（http://www.appleseed.co.jp）
協力　後藤史　清水利生（リコレクト）

Proofreader　文字工房燦光
DTP　株式会社 RUHIA
Printing　共同印刷株式会社

ISBN978-4-7993-2025-9